ちくま新書

現代の貧困
――ワーキングプア／ホームレス／生活保護

岩田正美
Iwata Masami

659

現代の貧困——ワーキングプア／ホームレス／生活保護【目次】

はじめに

以前ある大学で行っていた私の授業に、少し気にかかる女子学生がいた。挑むような大きな目で、じっと授業を聞いているのだが、何か屈託がありそうだった。しばらくたって、何がきっかけだったか、高校時代の話をしてくれたことがあった。「先生、私は高校3年間を中学の制服で通しきったんですよ」と彼女は急にきっぱりと言って私の顔を見た。私服で通えるだけの余裕が当時の彼女の家にはなく、それならば制服で通そうと意地を張ったのだという。

同じ頃、公務員になり、児童相談所に配属になったばかりの卒業生が研究室を訪ねてきた。児童相談所とは、何らかの理由で家庭での養育ができなくなった子どもや虐待の相談など、子どもへのさまざまな福祉支援を行っているところである。彼女は開口一番、「子どもたちがかわいそうで、毎日泣いて仕事をしています」と言った。「なぜこの子に、こんなに貧困や不幸が重なるのだろう」というようなケースばかりなのだと訴えるのである。

80年代の東京の話である。

　このところ、格差論の延長線上で貧困への注目が集まっている。ワーキングプアなどの目新しい言葉を使って貧困を語る人が多くなってきた。その大半は、格差の拡大によって急に貧困が多くなった、という解釈をしている。その前提には、つい最近までの「豊かな日本」には貧困はなかった、という認識があるのだろう。

　実際、日本では高度経済成長以降、多くの人々にとって「貧困はもはや解決した」ものとなり、貧困という言葉を使うこともなく、貧困調査もほとんどなされなくなっていた。冒頭の児童相談所の例のように、貧困な人々と向き合ってきた職業人だっていたはずであるが、そこには、ある人々を貧困だとレッテルを貼るのはそれらの人々の人権を脅かすことになるという「優しい配慮」があって、それが貧困への関心を封印してきたのかもしれない。

　だから日本の貧困は、長いこと事実としてではなく、年配者のノスタルジーや、テレビ番組やコミックスの中にだけ生き残ってきた、といってもよい。今日、「貧困が増えた」と騒ぎ出して、どのくらい増えたか証明しようとしても、以前はどうだったのかを示すデータがないのは、こうした事情による。

　だが、冒頭の例でも分かるように、70年代も80年代も、その気になれば日本でも貧困を

「発見」することは可能であったと私は思う。「豊かな社会」や福祉国家を実現させてきた国々のなかには、日本が貧困をきれいさっぱり忘れてしまったのとは対照的に、貧困という言葉の意味を再定義しながら、しつこいほど繰り返し「再発見」してきたところもある。それは「豊かさ」が実現した社会にも「あってはならない」状態が存在し、それを個人の問題として封じ込めるのではなく、社会の問題として「再発見」していくことが重要だとする判断があったからであろう。

その意味で、格差社会論の延長線上に貧困を見つめる眼差しが生まれてきたことは、日本において長く封印されてきた貧困という問題を、本格的に「再発見」していく契機として歓迎すべきことである。だが、長い空白期間があったせいか、現在の貧困をめぐる議論には、いくつか気になることもある。

第一は、格差と貧困を区別しない議論が少なからずあることだ。貧困と格差には強い関連があるが、両者は意味の異なる言葉である。格差は、基本的にはそこに「ある」ことを示すだけでも済む。場合によっては「格差があって何が悪い」と開き直ることも可能である。だが、貧困はそうはいかない。貧困は人々のある生活状態を「あってはならない」と社会が価値判断することで「発見」されるものであり、その解決を社会に迫っていくものである。

第二に、それゆえ、貧困という問題を考えるときには、この「あってはならない」という判断をめぐる議論が避けられない。貧困をしつこく「再発見」してきた国々では、何を「あってはならない」状態とするかについて、多くの議論が積み重ねられてきた。ところが、日本の議論では、そうした議論の蓄積がないまま、アフリカの飢餓に象徴されるような「本当の貧困」や戦前の貧困と現代日本のそれがいきなり比較されるような、乱暴なことが行われている。

第三に、貧困が「増えたかどうか」ばかりに関心が集中し、また、それを検証するのに適当なデータがないため生活保護の保護世帯数の増加ばかりが持ち出されている。せいぜい、ワーキングプアという括りで、非正規雇用者の生活の苦しさが事例として取り上げられる程度である。いったい、どのような人々に貧困が集中しているのか、その貧困は一時的なものか、固定化したものか等への関心は薄い。

本書は、以上のような気になる状況を打開し、高まりつつある貧困への関心を、より深い問題理解へとつなげていくことをねらいとしている。このため本書では、貧困の「大きさ」だけでなく、誰が、どのようなタイプの貧困を、どれくらいの長さで経験しているかといった、貧困の「かたち」をなるべく具体的に明らかにする。そして、なぜ現代日本にそのような「かたち」の貧困が生じているかを考えたい。また、このような具体的な検討に先立って、貧困に関するさまざまな考え方や捉え方を取り上げる。これは今述べてきたように、この国が貧困について長く議論をしてこなかったために生じた欠落部分を補うためである。このため、いささか教科書的な書き方になった部分があるが、お許しいただきたい。

貧困が取り上げられることが多くなったといっても、多数の日本人にとって、貧困はまだ「他人事」であろう。だが「他人事」であるはずの貧困の「再発見」は、同時に社会の誰にとっても「あってはならない」状態を明確にしていくプロセスに他ならない。つまりそれは、私たちすべてにとって生きやすい社会の条件を「発見」していくことにつながるものなのである。

本書を手にとって下さった方々が、こうした視点を共有しながら、日本の貧困問題を見つめ直していただければ、ありがたいと思う。

1章

格差論から貧困論へ

†キヨシさんの話

仮にキヨシさんと呼んでおきたい。あるホームレスのための炊き出しの際に出会ったのがきっかけで、私のインタビューに答えてくれた人である。30代という年齢は、50代を中心とした日本のホームレスの中では目立って若いし、ダンボールハウスなどのいわゆる野宿の経験はないという。つい最近まで工場の派遣清掃作業員をしていた。危険な薬品が入っているタンクを洗う仕事で、「きつかった」そうである。

寮に寝泊まりして1年ほどその仕事をしたが、契約期間が終了した。東京に行けば何か仕事があるかもしれないと思って、大きなターミナル駅までやってきた。カプセルホテルなどに泊まりながら、住み込みの仕事をいろいろ探したが、なかなかない。飲食店の見習いは25歳まで、と言われた。資格もないし運転免許も持っていないのでは難しいと職安でも言われた。

そのうち靴ずれが悪化し、歩けなくなってしまった。お金も底をついて困ったキヨシさんは、近くの区役所に相談にいった。「足だけは面倒みてあげる」と言われたそうである。幸い、医者にかかって歩けるようになったが、今後のことを考えると「焦っている」とのことだった。

キヨシさんの実家では、父親が大怪我がもとで障害者になったため働けず、生活保護を利用していた。母親はキヨシさんが小さいときに離婚している。年老いた祖母がいるが、病気がちである。キヨシさんも中学を卒業するとすぐ住み込みで飲食店に就職した。学校に来ていた求人だった。板前見習ということだったが、なかなか見習いをさせてもらえず、雑用や配達が主な仕事だったという。約束と違う待遇が他にもあり、不満があったのでそこを辞めた。

いったん実家へ帰り、職安で仕事を探した。その後ホテル従業員や運送会社作業員等を経て、先の契約清掃作業員になったということである。いずれも期限つきの雇用契約で、社会保険もなかったが、寮や飯場《はんば》(工事などの現場近くに設けられた労働者のための宿泊所)があり、当時は保証人の必要がなかった。もちろん結婚はしていない。「結婚なんかできると思っていない」そうである。

インタビュー中にキヨシさんは急に相談口調になった。寮付きの、いい仕事が見つかったというのである。昨日面接にも行ってうまくいきそうなのだが、戸籍謄本や住民票などの書類を整えないといけないし、何より保証人が必要なのだ。相談口調になったのは、疎遠になっている実家の父親に保証人を頼めるかどうか悩んでいたからだ。

もともとキヨシさんはクヨクヨ悩む性格だそうだが、悩みを相談する友達はいなかった。

仕事仲間で一緒に飲む人はいたが、相談できるような間柄ではなかったという。実家にも不満がある。前に実家に帰っていた時、わずかな蓄えを勝手に使われてしまったことがある。それで疎遠になっているのだという。

急に〝相談員〟の役割を振られた私はあわてた。ともかくもうインタビューを打ち切るから、すぐ福祉事務所に行って、交通費を支給してもらって実家へ相談に行くよう勧めた。

その後のことは私には分からない。キヨシさんは福祉事務所でうまく相談できただろうか。無事お父さんに保証人の印をもらえただろうか。そもそも無職のお父さんの保証人で大丈夫だっただろうか。戸籍謄本などの書類は整えられただろうか。就職できたとしても、また期限つきの雇用で社会保険もないのではなかろうか。住み込みだとすれば、あと1年ぐらいしたら再び職も住居も失うことになりはしないだろうか。

キヨシさんには、超えなければならないバリアが多過ぎる。

（プライバシーへの配慮から事例には若干修正を加えている）

†ワーキングプアの「発見」

キヨシさんのような生活を、最近ワーキングプアという言葉で呼ぶことが多くなった。ワーキングプアとは、働く貧困者＝働いてもなお貧しい人というほどの意味だろうが、テレビ番組が取り上げたこともあって、フリーター、ニートと並んで、一躍時代の言葉となった感がある。もしかすると、これが貧乏とか貧困という伝統的な日本語と同じ意味だとは思いもしない人もいるかもしれない。

それはともあれ、ワーキングプアに注目が集まったのは、まじめに働いているのに、なお貧しいということに世間が驚いたということであろう。逆に言うとそれは、高齢や病気、障害などで働けない人や怠けて働かない人だけに貧困が見られるという感覚を多くの人が持っている、ということだろう。

おまけに、つい最近まで日本では、その気になれば働く場はどこにでもあると皆が信じてきたので、その気になっているのに働く場がなかったり、働いても貧しいというようなことは想像しにくく、そのこともワーキングプアという現象への驚きとなって現れたのかもしれない。

だが、ワーキングプアという言葉は、ニートなどと違って、実は新しい言葉ではない。1世紀以上も前に、ふつうに雇用され、毎日働いている人々の中にも貧困があることがいくつかの調査によって「発見」されている。その最も有名な調査の一つが、20世紀に入ろうとする頃、チャールス・ブースという人が英国の首都ロンドンで行ったものである。

この人は大実業家であったから、資本主義が確立し発展することによって、人々の生活は向上していくと考えていた。だが、当時盛んになってきた社会主義運動が貧困の拡大を強調するので、これを実際の調査によって確かめようとしたわけである。

彼はまずスラムとして有名であった東ロンドン地区で調査をし、その35％が貧困者、そのうち12・5％が極貧者という結果を得た。さらにブースはロンドン全体に調査対象を広げ、これらスラムとはいえない地域も含めて、ロンドン市民の30・7％が貧困者であることを、彼の意に反して明らかにしてしまった。

ブース自身にとっても社会にとっても驚きであったのは、この30・7％の大部分が雇用されている労働者で、雇用が不安定であるか、常雇いの労働者であっても賃金が低いため貧困であるという事実だった。

調査当時のイギリスでは、貧困は都市の雑業《ざつぎょう》（たとえば屑《くず》拾いや露天商、内職など。しばしばインフォーマル部門と呼ばれる）などでその日暮らしをしているようなスラムの住民や「浮浪者」のものと理解されていた。チャールズ・ディケンズの小説に出てくるような貧民街のイメージである。たとえば『オリバー・ツイスト』において、少年オリバーがはじめてロンドンに来たときに通りかかったスラムは「これほど汚くて惨めな街は見たこともなかった」ほどであり、救貧院（貧しい人びとを収容する施設）出身の孤児であったオリバーをして、「逃げた方がよくはなかったか」と思わせるような場所であった。

日本でも明治の頃には貧民窟《ひんみんくつ》探訪記が競って書かれたが、スラムには普通とは異なる人々の生活があるからこそ、探訪すべきところとされていたのである。

ところがブースの調査では、一般の市民とは別の世界の人々の貧困、あるいは近代の工業制度の外にあって、雑業などでその日その日を生きているような貧困は数から言えば少なく、むしろ近代工業制度の内側により多くの貧困が、スラムにもまたスラムの外にも広がっていることが明らかになったわけである。

このブースの調査に刺激を受けたシーボーム・ラウントリー（ヨーク市のチョコレート会社の御曹司）も自身のホームグラウンドで同様の調査を行い、貧困な人々の割合を27・84%と計算している。ラウントリーはブースと手紙のやりとりをして、いろいろな示唆を得ていたらしいが、ロンドンという大都会と地方都市の違いがあること、またヨーク市調査の時期はロンドン調査の時よりも景気が良かったことなどから、このように高い貧困割合になるとは思ってもみなかったようだ。

「私の調査は、あらかじめ想定した理論を実証的に確かめようとして出発したものではなく、単なる具体的事実を確かめるために行われたものであるが、その結果がブース氏の調査結果とあまりにも近似していたので、私自身、少なからず驚いた次第である」と書き残している。

ラウントリーは36年後に同じ調査を行い、その時も31・1%が貧困であることを見いだしたが、同時に、年齢グループによって貧困割合が異なることに注目した。ここから彼は、「特別な熟練をもたない労働者の場合、失業しなくとも人生で3回貧困に陥る危険がある」という、貧困と労働者家族のライフサイクルに関する有名なモデルに行き着くことになる。

3回の貧困の危険とは、次の三つのライフステージで生じる。1回目は自分が子どもだった時代、2回目は結婚して自分の子どもを育てている時代、3回目は子どもが独立し、自分がリタイアした高齢期である。

つまり、1回目と2回目は、いずれも子どもの養育費が拡大して生活費を圧迫する時期、3回目は子どもたちが独立し、自分は労働市場からリタイアして収入が途絶えるか低下する時期である。

このライフサイクル・モデルは、劣悪な雇用・労働条件によって貧困の危険にさらされるだけでなく、労働者は子どもの養育期や老後の生活においても貧困に陥る可能性があることを示して、年金や児童手当などの社会保障の基礎となった。このモデルは、生命保険会社などが勧める生活設計などにも使われていることは周知のところであろう。

このようなわけで20世紀以降の貧困は、19世紀まで好んで描かれていた大都市の「貧民社会」のそれとは異なり、工業社会のワーキングプアの問題であることが広く認識されるようになった。そしてこの認識から、労働者にとっての貧困の予防策の体系化、すなわち今述べたような年金や児童手当などを含む福祉国家の構想が生まれたのである。

ところが、福祉国家の構想が実施に移された後もワーキングプア問題は終わったわけではなかった。欧米では、福祉国家が整備された後も、ワーキングプアを含めた貧困をくり返し「再発見」する動きがあり、それが政治の焦点となって新しい福祉政策への転換が図られていった。たとえばアメリカではジョンソン大統領の時代（1963―69）に「貧困との戦争」宣言がなされたし、同時期のイギリスでも、貧困研究者ピーター・タウンゼントらが「貧困の再発見」といわれる調査結果を発表して、政府に政策変更を迫った。

†新しい貧困と社会的排除の「再発見」

さらに1980年代の欧米では、これまでの貧困とはだいぶ様相の異なる新しい貧困の「再発見」に注目が集まっていた。それは従来の労働者家族や高齢者の貧困というよりは、学校を出たばかりの、あるいはそこから落ちこぼれた若年単身者の長期失業、ファストフードや家事サービス、警備、娯楽サービスなどの新しいサービス産業に不安定な待遇で従事する女性や母子家庭、移民層などの貧困の「再発見」である。

しかもこれらの貧困は、ホームレスのような極端な形をとったり、都市の周縁部に集住したりすることが少なくないため、人々の目にはまるで19世紀までのスラムのような「貧民社会」の再現、「もう一つの社会」の出現のように映った。この新しい貧困は、ヨーロッパでは「社会的排除」、アメリカでは「アンダークラス」などという言葉で呼ばれて、再び政治課題となったのである。社会的排除については後で詳しく述べるが、雇用関係や福祉国家の諸制度からも排除されているという意味で、貧困に代わって使われた言葉である。また、アンダークラスとは、文字通り、スラムのような「下層社会」の再現を示した言葉である。

こうした新しい貧困の出現は、80年代以降明確になったポスト工業社会とかグローバリゼーションといわれる新しい社会経済体制への移行の過程で顕著になったといわれている。つまり、ブースやラウントリーが調査を行った工業社会から、金融や情報、さまざまな消費者向けサービスを中心とする新しい産業社会へと移行する中で、新しい貧困が生まれたのである。言葉を換えればそれは、市場がグローバル化し、競争が激化する中で非正規雇用が急増し、下請けなどアウトソーシングが拡大する過程で生み出されたと言えるであろう。

この新しい産業社会では、金融や情報サービス産業で専門知識を武器に働く人々と、「マクドナルド・プロレタリアート」などと形容される、安い賃金と不安定な雇用で働くサービス労働者に二極分化しつつあるという。

ヨーロッパではこの二極化をAチームとBチーム、一流国民と二流国民などと呼んでいる。こうした呼び方はさしあたり格差の拡大を示すものだが、それに加えてBチームや二流国民と名指された人々が陥った貧困を、「社会的排除（social exclusion）」という概念によって「再発見」することを強く促したのである。

これは、ラウントリーがモデル化した工業社会の労働者のライフサイクルをもとにして作られた従来の福祉国家の限界を示すものであり、ポスト福祉国家の新たな理念の模索が始まっていることを示している。

たとえば、社会から排除されている人々を再び社会の中へと引き入れて、社会の二極化を克服する社会的包摂（social inclusion 排除のない社会への包摂）という理念や、従来の所得保障中心の福祉（welfare）から、若年失業者を再び労働市場へ参入させようとするワークフェア（work fare 労働機会の提供による福祉の実現）への転換の強調などがそれであり、いずれも、この新しい貧困の克服を課題としている。

†貧困を忘れた日本

日本では欧米に10年遅れて90年代半ば以降になって、格差社会に遭遇した。「マクドナルド・プロレタリアート」は、日本のフリーターの姿でもある。今日のフリーターやパートタイム労働者は、単に非正規雇用であるだけでなく、事実上日雇のような、きわめて不安定な雇用関係に置かれることが少なくない。

就職情報誌などで見る「激短&日払い!」「掛け持ちOK!!」「1日だけでもOK」といった短期就業の場合は、もし、その収入だけで暮らしていくとすれば、それらの短期就業を日々つなぎ合わせていくような綱渡りか、一日のうちに二つか三つの仕事に就くことを余儀なくされることだろう。むろん、そうした綱渡りや二重就業が、いつも保障されているわけではないから、そうした働き方では暮らしていけない人々が生まれてくるのは必然である。

しかし、不思議なことであるが、日本では格差社会論はあるが、これまで本格的な貧困論は必ずしも展開されてこなかった。所得の格差は、確かに低所得層をあぶり出すが、それはあくまで高所得層に対する低所得層であって、貧困者ではない。ニートやフリーターも、必ずしも貧困問題として議論されているわけではない。

格差があっても別にいいじゃないか、という意見も結構強い。それが今ようやく、ワーキングプアという外来語を介して、貧困が意識され始めたところといえる。どうして日本では、格差社会論が新しい貧困の「再発見」を伴って議論されないのだろうか?

もちろん日本でも、戦前にはスラムの貧困の探索や貧困の「発見」がなされていた。敗戦直後の「国民総飢餓状態」といわれていた時期、貧困は主要な社会問題であった。

1956年の経済白書は「もはや戦後ではない」という有名なフレーズで戦後の復興をうたいあげたが、同年の厚生白書は「果たして「戦後」は終わったか」と反論し、復興の背後に取り残された人々の貧困を最低生活基準すれすれのボーダーライン（境界）層として示し、それが972万人存在していることに警鐘を鳴らした。

だがその後は、欧米の福祉国家で見られたような、しつこいほどの貧困の「再発見」とこれへの政策対応をめぐる議論はほとんど起こらなかった。日本では、高度経済成長と国民皆保険・皆年金体制の確立によって貧困問題は基本的には解決した、とほとんどの人が信じ、「総中流化」の中で、戦後復興下の格差と貧困に警鐘を鳴らした厚生省（当時）も含めて、きれいさっぱりと貧困問題の追及をやめてしまったのである。

私は、はじめて大学に就職した70年代の半ば、「新しい貧困の意味」という小さな論文を書いて直属の教授に叱られたことがある。貧困のような「古くさいモン」をテーマにすることはまかりならない、というのであった。ちょうど高度消費社会への転換期にあったことを考えれば、貧困ではなく、消費者問題や高齢者のケアなどの新しいテーマに向かうのが当然と、教授は考えたのだろう。

例外は、時々思い出したように登場する識者の「清貧」論か、テレビやコミックスのビンボー物語である。めざしを食べていた実業家、戦前・敗戦直後のつましいけれども人情味あふれる生活の賛美、あるいはビンボー脱出をテーマにしたテレビ番組等々。

しかも、テレビや新聞の中ではホームレス問題も一種の「季節もの」であり、たとえば師走や冬季に、路上での厳しい生活を取り上げて、番組表に季節らしさを出すのである。もちろんそれらは、現実の貧困を「再発見」したものではなく、「非日常のファンタジー」であり、いわば「飽食時代のスパイス」(さぶかるウオッチング・日本経済新聞2006.9.16夕刊)にすぎない。

むろん、貧困が問題視されなかったのは、「豊かな」時代になったからだ、と多くの人は言うだろう。まさに貧困の時代から高度消費の豊かな時代に移り変わったのである。これは、もっともらしい説明である。だが、「豊かさ」や中流化の実現、社会保障制度の整備は、他の先進諸国でも同様であった。そして、他の「豊かな社会」、他の福祉国家では、しつこいほどの貧困の「再発見」が行われている。

だから、貧困の「再発見」をしつこくやったか、きれいさっぱり忘れたかは、社会全体の「豊かさ」とは、実は関係がないのである。しつこくやったか、忘れたかの違いは、「豊かさ」の中に潜む貧困を「再発見」しようとする「目」や「声」が社会にあったかどうかにかかっているのではないか。

もちろん、どこの国でも政府や経営者団体は、貧困問題を取り上げたがらない。貧困は政治の失敗、市場の失敗を表しているからである。他の先進国で貧困の「再発見」がなされるのは、現政府の失敗をあげつらって政権交代に持ち込もうとする勢力が強いからだともいえる。

日本では同じ政党の長期政権が続き、おそらくはそれとの関係で、対抗勢力としての野党や労働組合、マスメディア、さまざまな市民団体も、貧困に無関心であった。研究者等の「目」も貧困には向けられず、貧困のただ中にある人々自身の「声」も小さすぎたのではなかろうか。

アメリカの地下鉄の中でホームレスの人々が「私はホームレスです」と書いたプレートを首からぶら下げ、コカコーラの紙コップを持って「寄付」を募っていたのを目の当たりにして驚いたことがある。パリでは、路上に座り込んで物乞いをする人々の前を素通りしようとすると、「エゴイスト!」という非難を浴びせられた。貧困の「再発見」がなされている国々では、貧困者はむしろ自分の貧困を社会の産物として、その解決を社会に訴えているように見える。

これに比べると日本のホームレスも貧しい人々も、信じられないくらいおとなしい。まるで貧困が自分の非であるかのように「声」を出さない。「強い貧困者」にしばしば辟易《へきえき》している欧米のメディアから取材を受けると、きまってなぜ日本のホームレスは「物乞い」をしないのかと不思議そうに聞かれる。私は、「日本のホームレスは労働者としての誇りが強いからだ」と答えることにしていたが、本当は「自分の失敗」として恥じているからなのかもしれない。

ともあれ、こうした経緯のために、格差が広がった社会が眼前に現れても、これを新たな貧困と結びつけて語ろうとする「目」や「声」が日本にはすでになかったといえよう。

†なぜ格差ではなく貧困なのか

では、なぜ貧困を「再発見」する必要があるのだろうか？　格差ではなく、貧困にこだわる必要がどこにあるのだろうか？　これに答えるためには、格差とか不平等という言葉と貧困との違いをはっきりさせておかねばならない。

格差や不平等は、さしあたり「ある状態」を示す言葉である。つまり、ある社会においてAチームにいる人とBチームにいる人とに分かれているとか、高所得の人と低所得の人がいる、というような「ある状態」を示す、記述的な言葉である。そうであるから、格差は、それを問題にすることもできるが、「格差があってどこが悪い」という開き直りも可能である。あるいは、格差を問題にする場合も、どのような格差が問題か、という問いを別にたてる必要が出てくる。

これに対して貧困は、「社会にとって容認できない」とか「あってはならない」という価値判断を含む言葉である。また、貧困が「発見」されることによって、その状態を改善すべきだとか、貧困な人を救済すべきだとか、Ｂチームの中に広がっている貧困を解決すべきだといった、社会にとっての責務（個人にとっては生きていく権利）が生じる。たとえば貧困は、「なくすべき」アフリカの飢餓であったり、学校にも行けないで働かされている子どもたちの「改善すべき状態」であったり、年金だけでは病院にも行けない高齢者の「良くない状態」であったりする。だから、そうした状態を「なくす」仕組みを社会が作り出していくべきだという、社会の責務に（したがって貧困な人々の生きる権利に）直接結びつかざるをえない。19世紀までのスラムの貧困にせよ、20世紀のワーキングプアの発見にせよ、貧困を語ることはこのような価値判断と責務によって特徴づけられるのである。

このように、今日の格差社会を、格差という記述的な言葉のレベルで把握するか、その格差の中に「あってはならない」状況＝貧困があり、したがってそれを「なくす」べきだと価値判断するかは、かなり違うことなのである。

格差論だけからは、積極的な解決策も、あるべき社会論も出てきにくい。格差論の延長で「あってはならない」貧困を「再発見」していくことは、格差がある、格差があって何が悪い、というような議論を断ち切って、格差社会の中で何を改善すべきか、私たちの社会をどのように変えていくことが望ましいか、という価値と責務（権利）の問題をわれわれに積極的に投げかけることになる。

2章 貧困の境界

†どこから貧困と言うのか

貧困の「再発見」の意義が分かっても、実は貧困の把握には大きな難問がある。それは、貧困と貧困ではない状態を分かつ境界の設定の問題である。言い換えれば、社会が責任を持って解決すべき状態と、個人や家族に委ねておけばよい状態との境界設定をどうするか、という基本問題である。

事実をそのまま示せば、格差のあるなしを示すことはできるが、貧困はそうはいかない。人々の生活状態について、どこから「あってはならない状態」だと判断するかは、それ自体一つの価値判断だからである。

よく「貧困はどのくらい日本にあるのですか?」とか「貧困は増えているのですか?」といった素朴な質問を受けて、答えに窮することがある。「窮する」理由の一つは、最近の日本では貧困測定というものがなされていない、ということにあるのだが、もう一つはこうした測定で使う貧困の境界が一つに定まっているわけではなく、この価値判断をめぐって、多くの議論があるからである。

ワーキングプアという言葉が認知されて以来、マスメディアはさまざまな特集を組んでいるが、その中にシャープ亀山工場の正社員、非正社員、外国人労働者の年収を比較した記事があった（週刊東洋経済2006.9.16）。これによると、平均・税込みで正社員736万円、非正社員381万円、外国人労働者312万円だそうである。

外国人労働者の年収は「シャープ正社員平均の約半分以下」であり、「寮費やアパート代を差し引けば、生活するにはギリギリの水準だ」。これが、この特集で言うワーキングプアを示している。つまり、明示されてはいないが、「生活をするにはギリギリの水準」を、年収300万円というところに置いている、あるいは正社員の半分というところに境界線を設けていることになる。だが、もしかすると「私も年収300万円だけれども、別に貧困ではない」と反論する人がいるかもしれない。

近年の例では、小中学校における学校給食費未納問題がある。文部科学省によると、2005年度の小中学校の未納総額は22億円超にのぼったそうだ。未納の主な原因についての学校側の認識では、「保護者としての責任感や規範意識」の欠如が60・0％、「保護者の経済的な問題」が33・1％、「どちらとも判断できない」が6・9％だったという（「学校給食費の徴収状況に関する調査結果」2007.1）。

この3割の「経済的な問題」による未納は、生活が苦しくて、支払い能力がないのだからやむを得ないと考える人が多い。文部科学省も、生活保護や就学援助の活用を奨励しており、この問題を取り上げたマスメディアの反応でも、「経済的な問題」を抱えた未納者まで非難することはなかった。格差や貧困に少しは敏感になった時代の反映かもしれない。その半面で、新聞の読者欄やインターネットの書き込みなどを見ると「規範意識」の希薄化による未納はけしからん、という声が多い。

ただし、この文科省の調査は、未納者を直接対象としたものではなく、あくまで各学校の認識調査であるから、各学校が、どのように保護者の「経済」問題と「モラル」の問題を識別したのかは分からない。新聞には、車を買ったり、外食をしているのに、払っていない親がいるという、学校関係者の「談話」が載っていたから、もしかすると、そうしたものが判断基準となったのかもしれない。法的措置をとった自治体も少なくないそうであるが、この場合は、支払い能力を、いったいどのような基準で判断したのか、興味深いところである。

ホームレス問題がクローズアップされた頃、ある男性の研究者に「日本のホームレスは貧困なんでしょうか?」と真顔で問われたことがあった。「私の出会ったホームレスは糖尿病だというのですよ。糖尿病は贅沢病《ぜいたく》でしょう? だったら糖尿病のホームレスは貧困とは言えないですよ」と彼は主張した。

貧困者の保護を行う福祉事務所の職員も、ホームレスの飲酒に関連して同じようなことを言っていた。「私も飲んだことがないようないいヤツをですね、もちろんバーやレストランの余り物を拾って飲んでいるのですけれども、そういったいい酒を毎晩飲んでいるわけですね。贅沢なことですよ。だから糖尿病にもなる」

彼も、自分が飲んだことのない「いいヤツ」を飲んでいるという観点から、ホームレスは貧困とは言えないと考えているに違いない。アメリカに留学に来てキリスト教団体でボランティアをしていた途上国出身の学生が、ホームレスの紙袋の中に入っている持ち物や、救済品の「贅沢さ」に怒っていたという話を聞いたこともある。そのボランティアの怒りたくなった気持ちはなんとなく分かる。

これらのエピソードから、貧困の境界を設定するモノサシとして、正社員の半分以下の年収、車を買うとか外食できる購買力、糖尿病＝贅沢病という固定観念、自分との比較、途上国と先進国との比較など、さまざまなものがあることがうかがえる。このような多様なモノサシも含めて、貧困の境界設定、公の責任と私の責任の境界設定をめぐっては長く論争がなされてきた。

貧困の歴史は、この境界設定についての議論の歴史だといっても過言ではない。ここではその歴史をていねいに追う余裕はないが、現代日本の貧困が多いとか少ないという話も、結局はこの境界設定にかかわっているので、あらかじめ貧困の境界設定の代表例をいくつか取り上げておきたい。

†スラムの貧困

貧困は、300万円というような「ギリギリの生活水準」を設定しなくとも、最低の水準で暮らしていると思われる人々の集中する、いわゆる「貧民窟・スラム」という空間的な境界によって把握することが、場合によっては可能である。先に述べたディケンズの小説にあるような貧民街はまさにその代表例である。空間的にくっきりと分かれたスラムの生活は、明らかに生活水準が低いだけでなく、その住まいにせよ、食べ物や仕事、生活習慣にせよ、すべてが普通の人々の生活とは明瞭に違って見えたから、そのスラム自体が「あってはならない状態」として人々の目に映った。

日本の戦前のスラム調査などを見ると、貧困とはスラムに住む人々の状態を意味し、スラムとは貧困な人々の住んでいる地域である、というようなトートロジー（同語反復）による定義が堂々と記載されている。ここではスラム＝解決すべき貧困であった。

多くの日本人が貧困といえばアフリカを思い起こすのは、このスラムの空間的境界認識に近い。雨の降らない砂漠、水や食糧の不足、児童労働などのイメージを伴った、自分たちの生活とはまったく違った遠くの国の貧困。日本には貧困はない、と思っている人々も、アフリカには「本当の貧困」があると言うだろう。そういう人は、ホワイトバンド（世界の貧困撲滅を唱える非営利団体らが行った「貧困を過去のものにしよう」キャンペーンのシンボル）をすすんで買おうとするかもしれない。

スラムの空間的境界に近い例として、19世紀イギリスにおいて貧困救済を目的に行われた貧困の「ワークハウス・テスト」を挙げることができる。これは、ワークハウス（労役場、救貧院）と呼ばれた救貧施設に貧困者を収容して救済するという原則を立てた上で、この施設に入りたいという人はそれだけで貧困者と見なす、とした判別法のことである。

ワークハウスは刑務所のような劣悪な場所で、救済されていない人の最低の生活より実質的にも外観的にも明らかに劣っているサービスを原則としたから（劣等処遇といわれた）、普通の人はむろん入りたくない空間である。そこで、こうしたワークハウスに入りたいというのだから、本当に貧困だと判断できるという理屈である。ここでは劣悪なワークハウスという施設の敷居が、貧困の境界として考えられている。

†生存の費用――最低生活費と貧困ライン

20世紀のワーキングプアの発見には、スラムやワークハウスのような空間による境界設定とはまた別の判断基準が必要であった。ここではむしろ、同じ社会で働く人々の中に貧困のあることが「発見」されたわけだから、たとえば賃金や生活水準の中に「ギリギリの水準」を求めねばならなかった。

この「ギリギリの水準」を人間の生存費用として計算したのが、先のラウントリーである。しかもラウントリーはこの「ギリギリの水準」を、当時急速に発達してきた栄養科学＝必要カロリー摂取量基準を使った「科学的な」生存費用として算定できると考えた。

人間の生存の費用とは、ラウントリーの言葉では「単なる肉体的能率を保持するために必要な最小限度の支出」である。要するに生命体としての人間がその肉体を維持し、さらに労働をしていくための費用のことである。栄養科学は、個々人の年齢や性別、筋肉労働の強さによって変化する必要熱量（カロリー）やその他の栄養素の基準を提供してくれるので、これを基礎にすれば、価値判断を持ち込むことなく科学的な生存費用が得られると考えたわけである。

現在ではカロリーや栄養科学は、労働や「肉体能率の維持」のためというよりは、ダイエットのためにあるかのようであるが、それでも少なからぬ人は、自分にとって必要な熱量やタンパク質の量を知っているだろう。ラウントリーは重労働に従事する者を想定して、一日の食事において成年男性なら3500カロリー、タンパク質125グラムを、女性ならその8割を標準として定めている。

この必要熱量とタンパク質の量を摂取できる食料を、ラウントリーはワークハウスの献立から選んだ。たとえばパン、脱脂乳、ジャガイモ、ベーコン、チーズ、蜂蜜などが挙げられている。この食料の実際の価格を調べて、家族一人ひとりの食費を算定し、これに他の必需費を加えれば、家族の生存のための最小限度の生活費を算出することができる。彼はそれを買い物かごに必需品を一つ一つ入れていく作業になぞらえたので、このような生活費算定法をマーケット・バスケット方式とも呼ぶ。

こうして貧困とは、あいまいに表現されるギリギリの水準ではなく、生存のための最低生活費を下回る収入や生活費の状態であるとされた。先に述べたラウントリーのライフサイクルは、この最低生活費を貧困ライン（貧困と貧困ではない状況を分ける線）とし、これに基づく観察によってモデル化されたものである。

福祉国家の基礎となったナショナル・ミニマムという考え方は、このラウントリーの生存の費用＝最低生活費の影響を受けている。「科学的」ということと、「生存維持」ということがミニマム（最低限）としてふさわしいと考えられたからであろう。後で述べるように日本の生活保護基準も、一九四八年第八次改訂からこのマーケット・バスケット方式で算定されたし、多くの国がこれに影響を受けた貧困ラインを設定している。

しかしこの生存の費用は、まさに生存のための「最小限度」の費用であって、必要カロリーを満たす食品もワークハウスの献立をもとにするなど、かなり厳しい内容を持っていた。また、ラウントリーが得意そうに何度も強調する「科学性」は、食費には当てはまるかもしれないが、それ以外の必需費の算出基準は労働者の聞き取り調査を参照しているものの、かなり厳しい内容であった。

たとえば彼は「単なる肉体能率の維持」を、汽車に乗るとかバスに乗ることはしない、新聞はとらない、手紙も書かない、教会の献金もしない、たばこもビールもなし、子どものおもちゃも菓子も買わない、無料診療、無料葬式に頼る生活だ、としている。「およそ、肉体的能率を保つために絶対に必要なもの以外は買ってはならない。また、購入されるものは最も簡素で、最も低廉なものに限らなければならない」のである。これは彼の「最小限度」についての価値判断に基づいているのであって、「科学的」判断ではない。

†社会のメンバーとして生きるための費用

貧困の境界を生存費用から考えようとするのは、誰もが賛成しそうな考え方である。今でも結構そういった考えはある。しかし、よく考えてみると、人間は生物学的な存在であると同時に、社会の中で社会のメンバーとして生きている。社会の中で生きていないような人間は現実には存在しない。だからカロリー計算だけで判断するような最低生活費は、頭の中だけで抽象的にこしらえた人間生活にしか当てはまらない。むしろ、社会の一員として生きていくための最低限の生活費が貧困の境界となる、という考え方がそこから生まれてくる。

この考えを推し進めたのが、ラウントリー批判の急先鋒であったイギリスの貧困学者ピーター・タウンゼントである。彼は、人間の生活というものは、肉体の維持によるだけでなく、社会における生活様式や慣習によっても支えられていると考えた。彼は次のように述べている。

「茶は、栄養的には無価値であるが、国によっては、経済学者たちによってすら、〝生活必需品〟として一般的に受け入れられている。このような国の多くの人々にとって茶を飲むことは、一生を通じての習慣であり、心理的には必要欠くべからざるものである。そして友達や近所の人々が訪問した時、一杯の茶を供されるのを当然としている事実から見て、茶は社会的にも必要であることが分かる」

つまり、生活にとっての必要というのは、心理的社会的にも必要とされるものなのである。人々は「その社会で慣習になっている、あるいは少なくとも広く奨励または是認されている種類の食事をとったり、社会的諸活動に参加したり、あるいは生活の必要条件や快適さを保つために必要な生活資源を」持たなければ暮らしていけない。

こうした観点からタウンゼントは、貧困とはそれらの習慣や様式を保つために必要な生活資源を欠いている状態だと定義した。ここで生活資源というのは、暮らしていくための食料やその他の必要なもの、諸サービスを購入する収入や資産、社会保障給付などを意味している。

そこでタウンゼントは、具体的な貧困の境界を測るモノサシとして、標準的な生活様式からの脱落、すなわち社会的剝奪（social deprivation）という概念を用いることにした。剝奪（deprivation）というのは、社会で標準になっているような生活習慣の下で暮らしていくことが奪われている、というような意味合いである。これには食事の内容、衣類、耐久消費財の保有や友人たちとのつきあい、社会活動への参加など、さまざまな社会生活における剝奪が含まれる。

タウンゼントは、具体的な剝奪の指標として、たとえば「過去4週間のうち親戚や友人を招かなかったもの」とか「子どもの誕生日パーティをしなかったもの」「1週間の半分以上、調理をした朝食を食べなかったもの」などを、「冷蔵庫がない」等とともに挙げている。

実は、この剝奪の指標を確定するためには、何が社会の生活様式として広く人々の間で共有されているかを調べなければならない。また、収入など生活資源が少ないためにある事柄が「できなかった」のか、その人の考えで「しなかった」のかを識別しないと、貧困か否か決められない、という批判もあった。たとえば「1週間のうち一日も肉を食べなかった」のが、貧困だからなのか、ベジタリアンだからなのかが分からない、という具合である。

こうした批判をふまえ、収入が少ないため「できなかった」事柄のみについて大規模な調査を行った結果、収入（生活資源）が減っていくと、剝奪されている指標の数が増えていく傾向にあることをタウンゼントは突き止めた。そこで、剝奪されている指標数が急速に多くなる収入水準のある一点を貧困の境界とする方法を提唱し、それは「科学的」であると主張したのである。

ラウントリーの生存費用は「絶対的貧困」と呼ばれるが、生活様式からの剝奪指標で判断するタウンゼントの貧困は「相対的貧困」と呼ばれている。生存できるか否かは人間にとって絶対的であるのに対して、後者は、社会の生活様式との相対的な関係の中にその境界を求めたからであろう。

ただし相対的といってもタウンゼントは、剝奪が急に多くなる収入水準のある一点を貧困の境界としているのだから、その境界としての収入水準は動かせない。その意味で絶対的である。格差や不平等のような意味で相対的なわけではない。

いずれにせよ、タウンゼントのような、変化する生活様式を踏まえた相対的貧困の立場に立つと、豊かな社会でも貧困が「再発見」される可能性が高くなる。先の例で言うなら、アメリカのホームレスが途上国の普通の人より多くのモノを持っていても、アメリカ社会で貧困であることに変わりはない、という説明ができることになる。

†社会の成熟度と境界の変動

生存費用という一見わかりやすい貧困の境界は、社会的存在としての現実の人間という観点からすると実は抽象的なものにすぎないことを示した点で、相対的貧困の考え方は大きな意味を持っていた。今日の先進諸国の貧困の境界は、社会のメンバーとして生きていくのに必要な費用にその基準が置かれるべきだとする点で、ほぼ一致している。途上国の貧困でさえ、社会からの分断を問題にするようになっている。アフリカの「本当の貧困」は、水や食料の不足だけではなく、学校へ行けないとか情報から切り離されているといったことも含んでいる（この点については「社会的排除」という概念を検討する4章で改めて議論する）。

しかし、だからといって、社会的剝奪を使った相対的貧困の境界がどこの国でも合意されている、というわけではない。タウンゼントのやり方については、社会的剝奪項目の選び方が恣意的であるとか、大規模な生活様式調査を不可避とするので実用的ではないなどの批判がある。貧困の境界設定をめぐっては、いまも論争が行われているのである。

ポーランドの歴史家で政治家でもあったゲメレクは、どんな貧困の境界も完全なものにはなりえず、結局は「社会が判断する」ものにすぎないと述べている。ラウントリーやタウンゼントの強調した「科学性」や「客観性」は、たしかに生存、あるいは社会的生存についてのある指針を与えてくれる。が、「科学」や「客観」の中に忍び込んでいる恣意的な部分、たとえばラウントリーの食費以外の必需品の選定やタウンゼントの社会的剝奪項目の選び方に影響を与えるのは、この「社会の判断」なのだと言えよう。

誤解を恐れずに言えば、他者に対する配慮や公正さについての異議申し立てがたえずなされるような、あるいは社会を構成するメンバーの連帯や社会統合に焦点が当てられるような社会では、「あってはならない状態」の範囲が広くなり、そうでない社会では逆に縮んでいくのではないか。それは、貧困問題を社会の責務として進んで引き受けようとする社会の成熟度による違い、と言うこともできる。繰り返し述べるように、そのような「あってはならない」とされる貧困の大きさは、社会それ自体の経済的な豊かさとは関係がない。むしろ貧困を「再発見」していく「目」や「声」の大きさとかかわっている。

最近の試みとして、イギリスの社会政策学者ブラッドショーらは、「質素であるが、適切な基準（modest but adequate）」という興味深い表現で、貧困ラインを設定することを提唱している。それは一方で、普通の人々と同じ生活様式を保つだけの生活財やサービスを確保できなければならないが、他方で、それらの生活財やサービスを最もローコストで入手するということを前提に最低生活費を算定するというものである。つまり、タウンゼントの考えとラウントリーの考えを合体させた、社会的生存費用とでもいえる考え方である。

さらにブラッドショーは、貧困測定をする場合、一つの境界ではなく、いくつかの貧困ラインを併用することを勧めてもいる。たとえば社会的生存費用のほか、人々が主観的に考える貧困レベル、OECD（経済協力開発機構）などで使われている相対所得貧困基準など、三つぐらいを同時に使ってみるとよいというのである。

主観的な貧困というのは、それぞれの人がどの程度の生活費を「最低」だと考えるかを、アンケート調査で調べるものである。たとえばイギリスには、「貧困でなく暮らすために、あなたは1週間に税引き後の収入で何ポンド必要ですか」という質問と、「その基準と比べて、あなたの世帯は上ですか、下ですか」という質問で把握する試みがある。

一般に主観的貧困の考え方は、自分が貧困であるか否かは当事者が一番知っているという考えに基づいている。しかし実際には、その当事者に貧困の自覚がない場合も少なくない。ブラッドショーは、主観的な計測法では相対的貧困を見いだしにくいこと、年金生活者などの場合、要求水準が低いため、他のアプローチによる計測よりも低くなる傾向があることを指摘している。

ＯＥＣＤが利用している境界値（相対所得貧困基準）は国際比較でよく用いられており、最近では日本でも、かなり知られるようになってきた。この貧困ラインは、まず世帯所得を家族数や構成の違いを考慮して、どの世帯の所得も比較できるような等価所得というものに調整する。

たとえば同じ所得であっても、単身の高齢者世帯と、2人の子どもと夫婦で構成される核家族世帯では前者に余裕があることは一目瞭然だから、同じ所得としては扱えないはずである。そこで、こうした世帯の大きさや家族構成の違いを超えて直接比較できるような、1単位あたりの所得に直すわけである。世帯人員で割って、1人あたりの所得に直すこともよく行われるが、それでは子どもと大人の区別がつかないし、2人世帯は1人世帯の2倍の生活費が必要だとも言えない。

この等価所得を低い方から高い方へ並べ、ちょうど真ん中にある世帯の等価所得の半分である50％水準を貧困ラインとして使おう、というのがＯＥＣＤのやり方である。この50％境界値は、タウンゼントの剥奪指標スコアのような、「最低」についての理論的かつ実証的な裏付けを持っているわけではない。しかもこの50％貧困ラインを40％、60％などに替えることもあるので、何かいい加減な感じがしないでもない。

しかし、国際比較をする場合、それぞれの国の最低生活費や生活様式を考慮に入れるのは難しく、収入だけで判断できる相対的な貧困ラインもそれなりに役立っているとは言える。この境界値は、収入データと世帯人員、家族構成が分かれば使えるので、簡便に利用できるというメリットもある。

ブラッドショーは実際に三つの異なる貧困基準を同じデータに当てはめて、計測をしている。その結果、貧困者の割合（貧困率）そのものは同じくらいだが、そこに含まれる貧困者の種類はやや異なることを見いだしている。したがって、多様な貧困測定は多様な政策を導き出す可能性があること、いずれの計測方法によっても貧困と識別されるような、コアとなる貧困者を見いだすことができると指摘している。貧困をしつこく「再発見」してきた国ならではの試みである。

†貧困ラインを制度が定める場合

貧困か否かの境界線を、国などが制度として定めた貧困基準によって決めていく場合もある。日本で言えば、生活保護基準が貧困の境界として利用されている。ごく最近になって日本でもＯＥＣＤによる基準が使われるようになったが、多くの場合、生活保護基準が貧困ラインとして用いられてきた。

国が貧困ラインを決めるときには、制度的に定められた貧困の救済基準をそのままその国の貧困ラインにする場合と、貧困ラインは貧困ラインとして定め、それとは別に制度上の救済基準を設ける場合がある。日本は前者で、生活保護基準が貧困ラインの役割を果たすと同時に、この制度で救済される人を選ぶ基準にもなっている。

保護基準が全国民の貧困ラインとしての役割を果たしているということは、案外理解されていない。保護基準の引き下げがなされた場合でも、多くの人は生活保護を利用している世帯だけにその影響が現れると思っている。が、実は全国民の貧困ラインが引き下げられた、と理解すべきなのである。

しばしば、生活保護を利用している世帯の生活は贅沢すぎるといった攻撃がなされる。特に最近はワーキングプアへの注目が集まっていることもあり、働いている人の賃金より生活保護基準が高いのはおかしいとの批判が当のワーキングプアからなされることがある。基礎年金水準との比較で、保護基準の引き下げが主張されることもある。だが、保護基準が下げられると、ワーキングプアや年金生活者を含めた国民全体の「あってはならない」生活状態の境界値が下がり、ワーキングプアや年金生活者の生活の苦しさも隠されていくことになる。この点は後でまた触れたい。

さて、生活保護制度の保護基準のような制度が決める貧困ラインは、これまで述べてきたような貧困の境界の考え方に何らかの形で影響を受けている。だから、貧困ラインの考え方とそう違わないのではないかと考える人もいるかもしれない。だが、制度によって設けられた基準を使うこととは、そうでない貧困ラインを使うこととは別の意味を持っている。

一つは、それが「お上の公認した」境界だということである。貧困の境界は、これまで述べてきたことからも分かるように論争的であり、複数ある考え方から一つを選ぶのが難しい場合がある。そうしたときの一つの手立ては、自分で選択するのを放棄して、〝お上〟の権威に頼ってしまうことである。公認の貧困ラインの利用は、貧困の境界選択の困難を回避してくれる。もちろん、これには「お上の選択」への無批判な受容という批判が伴う。たとえば、すぐ前で述べたように、保護基準が財政上の理由等で引き下げられると、貧困ラインも同時に下がってしまうからだ。

一方、副次的な効果として、この制度の効果が測定できてしまう、ということがある。たとえば、生活保護基準以下の人々の総数が分かれば、その総数に占める実際の生活保護利用者の割合を計算することができる。これによって生活保護制度の捕捉率が分かるし、この制度が貧困者をどれだけ見落としているのかも分かる。

生活保護については、暴力団などの不正受給ばかりが取り上げられる。しかしこうした問題は、生活保護の対象となるべき人々がその対象になっていないという問題と合わせて考える必要がある。生活保護基準を貧困ラインとして用いると、この制度の効果を測定することができるようになるので、そこから制度を批判したり、改善の提案をしたりすることが可能になる。

近年日本で行われた、貧困の実態をめぐる数少ない調査研究のほとんどが、貧困ラインとして生活保護基準を利用している。それらを理解する上でも、生活保護基準それ自体がどのような考え方で設定されているのかを、かいつまんで見ておく必要があろう。

†生活保護制度と保護基準

現行の生活保護制度は１９５０年に成立した。この制度は50年以上も改正されずに使われているという批判が最近なされているが、保護基準に限って言えば、その金額はほぼ毎年改訂されている。この保護基準が依拠する貧困の境界の考え方にも、大きな移り変わりがある。なお、保護基準の算定方式や改訂は厚生労働大臣の決めるところとなっており、国会等での審議は必要としない。

日本の生活保護は八つの扶助で構成されている。その中核は生活扶助と呼ばれる、日々支出する生活費の扶助である。生活保護による日常生活は、この生活扶助と住宅扶助、子どもがいればそれに加えて教育扶助によって支えられることになる。これ以外の医療扶助や出産扶助、生業扶助、葬祭扶助、介護扶助は、それぞれ必要な時に付け加えられる。医療扶助や介護扶助の場合、その費用は病院などサービスの供給者に支払われ、利用者の生活費にはならない。

保護基準という言葉は、ほぼ生活扶助基準を指しており、これに住宅扶助として支給される額を加え、子どもがいれば教育扶助を、収入のある場合はその控除部分を加えれば、実際の貧困ライン、つまり生活保護法で言うところの最低生活費となる。

保護基準の移り変わりは、生活扶助基準の移り変わりである。1950年の生活保護法以前、旧生活保護法（1946年）の時代の生活扶助基準は、戦中において最も水準の高かった軍事扶助法の基準を引きつぎ、これを改訂したものだった。先に述べたラウントリーのマーケット・バスケット方式は、1948年8月の第8次保護基準改訂において導入されたのである。だから、この第8次改訂が戦後日本の貧困ラインの出発点と考えてよい。

第8次改訂のマーケット・バスケットによる生活扶助の算定は、1人世帯から6人世帯までの性別年齢別家族構成をさまざまに想定して行われ、その多様な家族構成別の生活費を基準額とした。しかしそれではあまりに煩雑なので、第9次改訂からは、東京都区部の標準5人世帯についてのみ生存費用を算定し、これを年齢と性別に分けて算出した個人費用（第1類）と、世帯人員別に分けた世帯共通費用（第2類）の基準表を作った。

標準5人世帯とは、当時の貧困世帯を代表する戦争未亡人の世帯で、64歳の祖父、35歳の母、9歳の男子、5歳の女子、1歳の男子で構成される。

この1類と2類の基準額表を用いて、各世帯の年齢構成に応じた1類の金額と、世帯人数に応じた2類の金額を「組み合わせ」て生活扶助額が算定される。厚生官僚で生活保護研究者であった小沼正氏は、これを「組み合わせ方式」と名付けているが、要するに、ある世帯に適用される保護基準、つまり公認の貧困ラインは、それぞれの世帯ごとに計算してみないと分からないということである。

この「組み合わせ方式」の考え方自体は現在も変わっていない。この点が生活保護基準の分かりにくさを生み出している。私の勤務校のように社会福祉科を置いている大学には生活保護について学ぶ「公的扶助論」という授業があるが、たいていの教師は、学生に自分の世帯の最低生活費を計算させる。それから最近はコンピュータがあるから死語となったが、生活保護のケースワーカーのことを計算ワーカーと呼んだ時代があった。いずれも、実際に「組み合わせ」てみないと、生活保護の貧困ラインが分からない、ということがその背景にある。

†相対貧困基準への転換

マーケット・バスケット方式による絶対的貧困の算定のよい点は、具体的な生活財やサービスに即して生存費用を足していくので、最低生活の内容が分かりやすいということである。だが、社会生活を送る上で必要な財やサービスに支出される生活費への考慮がなされにくく、どうしても生存ギリギリというところに留めおかれてしまうという問題がある。

先の小沼氏は、「人間の日常生活のなかには若干のむだや不合理な生活習慣などの生活費のロスがあり、これを理論的に積み上げることは必ずしも容易ではない」上、特に飲食費以外の経費については「費目の選択、数量の算定などがとかく主観的になりやすい」ために、政府の予算折衝においても否定されやすく、結果として食料費中心の、現実離れをした最低生活費の内容になってしまうと指摘している。

先に述べたようにモデル世帯となった5人世帯には働き手がいないことになっていた。しかし実際には、生活保護世帯の半分程度が、働き手のいる世帯だった。当時はまだ最低賃金法が確立されておらず、ワーキングプアに対する救済機能をもこの制度が担っていた。このため、稼働世帯（働き手のいる世帯）の最低生活費として保護基準を改めるべきだという意見が、研究者たちから指摘されていた。

実際、当時の生活保護世帯の生計費についての調査は、その金額が低いこと、家計内容が食費に偏っており、社会生活を営むための経費が抑えられていることを指摘している。小沼氏の東京都区部のデータによる算定では、1955年の生活保護世帯の1人あたり消費支出は一般世帯のそれの44・8%であり、60年には38%にまで低下している。

こうしたことから、1960年に成立した池田内閣は、その政策の目玉であった所得倍増計画との関連で最低生活費水準のアップを受け入れた。できるだけ一般国民の実態に即した保護基準に転換することを方針としたのである。

1961年に導入された新しい方式は、エンゲル方式と呼ばれている。エンゲルとは、エンゲル法則のエンゲルである。所得が低くなると、消費支出に占める飲食費の割合（エンゲル係数）が高くなるという家計の法則を見いだした統計学者エンゲルのことである。エンゲルはさらに進んで、家族の栄養を満たすのに必要な食料基準額が与えられれば、エンゲル係数から、生存するのに最低限必要な生活費の限界点を割り出すことができるとして、これを試算している。これを利用したのがエンゲル方式である。

家族の栄養を満たす食料基準額は従来通りマーケット・バスケット方式で算定し、この額に見合う現実の世帯の生活費をエンゲル係数によって割り出せば、その世帯の最低生活費を算出することができる、というのがこの方式の基本的な考え方である。さらに新しい方式では、35歳男、30歳女、9歳男子、4歳女子の4人家族がモデル世帯となった。

このようにエンゲル方式は、マーケット・バスケット方式よりも現実に近づいたものであったが、これでも保護基準はなかなか高くならず、他方で高度経済成長期に入りつつあった一般世帯の消費水準は伸びていったので、その格差は容易には縮まらなかった。そこで、本格的な相対貧困の考え方による保護基準の算定方式が浮上してきた。いわゆる格差縮小方式である。

格差縮小方式とは、一般国民の消費水準との相対比較によって決める、というものである。具体的には、保護基準を毎年改訂するに際して、政府見通しによる民間最終消費支出（国全体の個人消費を表す指標）の伸びよりも改訂率を高くして格差を縮小しよう、とするものだった。

当時の厚生省は、1957年を基点として70年までの間に保護基準を3倍とする計画を示している。これによって保護基準は、所得倍増計画の一つである賃金改善計画による労働者の平均賃金（製造業総計）のおよそ63％となる、という見通しを持っていた。

社会保障制度審議会も、1961年時点の保護基準を70年には実質3倍とするような計画を立てるべきだと答申を行い、64年の中央社会福祉審議会も、低所得層との比較で格差是正をすることを要請している。この低所得層というのは、所得を低い方から高い方へ並べて10等分したときの、一番下の層を指す。この層の消費水準の上昇に合わせて保護基準を引き上げようとしたのである。

実は、このような格差縮小への転換の一つのきっかけに、朝日訴訟と呼ばれる有名な裁判があった。これは当時結核療養所に入所していた朝日茂さんが、日用品費支給を打ち切られたために、憲法に定めた「健康で文化的な生活」はとうてい維持できない、と訴えたものである。

生活保護受給者が入院する場合、給食も含めた入院費用にあてられる医療扶助が支給されるほか、若干の日用品費をお金で受け取ることができることになっている。しかし朝日さんは、お兄さんから送金を受けることになったのを理由に日用品費が打ち切られ、しかも医療費の一部負担が課せられたのである。この裁判は、保護基準における最低生活の意味を問う大きなきっかけとなり、一審判決では違法との判決が下され、格差是正へと転換する原動力となった。

だが、1970年までに平均賃金の6割を達成するという、右に述べた見通しは実現しなかった。目標年からさらに10年以上を経た83年の中央社会福祉審議会がその水準を検証したところ、ようやく保護基準は一般世帯の消費水準の62・8%まで上昇したことが確認された。そこで、格差縮小は達成されたとして、この約6割の水準を維持することが妥当とされた。これが今日の水準均衡方式と呼ばれるものである。

この水準均衡方式に転換した後、標準世帯は3人世帯に変更された。一般世帯の人数が少なくなったことを反映したものであるが、生活保護世帯の平均世帯人員の縮小は一般をはるかに超えて進んでおり、現在は7割以上が単身世帯である。

以上のことから分かるように、現在の保護基準は相対貧困の考え方に基づいており、その貧困ラインは一般の消費水準のほぼ6割とされている。しかし、なぜ6割か、というのはなかなか難しい問題である。ここにはラウントリーの最低生活費の考え方や、タウンゼントの生活様式からの社会的剝奪などの説の裏付けがないわけだから、6割水準というのは、だいたいこんなところ、という経験的なものでしかないだろう。

そういえば、年金水準なども従前所得(現役時代の所得)の6―7割を目安としてきたし、さきのOECDの所得の真ん中の50%とか60%などの境界値設定も、なにやらそれと似通っている。

†練習問題――あなたの最低生活費はいくら?

先に述べたように、保護基準の決定方式が変わっても、標準世帯から1類(年齢別個人生活費)と2類(世帯人員別生活費)の基準額を割りだし、これを「組み合わせ方式」でそれぞれの世帯の貧困ラインを割り出す、というやり方は変わっていない。

次の表1は、2006年度生活扶助の基準額表である。面白いことに、年齢別個人生活費の基準額を見ると、12歳から19歳のグループが最も金額が高く、マーケット・バスケット方式時代の必要カロリーに基づく生活費の考え方がまだ色濃く残っていることに気がつ

表1　生活保護の基準額の例（2006年度）

	1級地—1（高い）	3級地—2（低い）
生活扶助1類（個人年齢別）		
0－2歳	20,900円	16,200円
3－5歳	26,350円	20,420円
6－11歳	34,070円	26,400円
12—19歳	42,080円	32.610円
20—40歳	40,270円	31,210円
41—59歳	38,180円	29,590円
60—69歳	36,100円	27,980円
70歳以上	32,340円	25,510円
生活扶助2類（世帯人員別）		
1人	43,430円	33,660円
2人	48,070円	37,250円
3人	53,290円	41,300円
4人	55,160円	42,750円
5人以上1人を増すごとに加算する額	440円	360円
住宅扶助	13,000円	8,000円
教育扶助		
小学校	2,150円	2,150円
中学校	4,180円	4,180円

出所：生活保護手帳2006年度版

く。70歳以上になると金額が減っているのも、必要カロリーが減るという考え方の反映であろう。70歳以上は6―11歳よりも低い金額である。

先頃実施された老齢加算（70歳以上の高齢者に上乗せして支給される生活保護費）の廃止は、高齢者の貧困ラインを実質的に引き下げてしまったが、この年齢別の1類費の高齢者における減少を変更して、41歳以上の大人は同じ金額とすれば、加算廃止の影響は緩和されるのである。つけ加えれば、かつては男女でも金額が異なっていたが、さすがにこれは撤廃されている。

話を表に戻す。この表で「1級地―1」と「3級地―2」と書いてあるのは、基準額を地域によって変えて設定していることを示している。この地域種別を級地という言葉で示しており、現在は大きく三つの地域に分け、さらにそれぞれを二つに区分している。

こうした地域差の設定は、生活費が大都市と町村部で異なっており、前者の方が後者より高いという考え方に基づいている。1級地―1は最も高い大都市の貧困ラインを示し、3級地―2は最も低い町村部の貧困ラインを示している。

たしかに住宅費には差があるだろうが、日常生活費にこのような差があるかどうかは、実はよく分かっていない。地方の町村部であろうと大都市であろうと、日常生活で利用する商品の多くが全国的に流通する大企業の製品であるなら、地域差はむしろないといっていいかもしれない。1類、2類の基準額表の作り方だけでなく、級地の設定によっても貧困ラインは微妙に影響を受けている。

さて、ここで読者の方に練習問題を出そう。表1には、生活扶助の基準額と住宅扶助および教育扶助の基準額が示されている。実際にはこれに「加算」と呼ばれる特別支給と勤労収入控除が加わって、貧困ラインが算出される。住宅扶助や教育扶助には特別基準があって、これよりは高い場合がある。が、ややこしくなるので、ここにある数字から、皆さんの世帯の貧困ラインを大まかに計算していただきたい。計算式は次のようである。

同居している家族について、一人一人の年齢別1類の基準額の合計（ただし、4人以上の世帯の場合は合計額×0・96、5人以上の場合は合計額×0・93とする）

＋

世帯人数による第2類の基準額

＋

住宅扶助基準額

＋

教育扶助基準額（子どもがいる場合のみ）

さて、皆さんの世帯の貧困ラインはいくらだろうか？

†保護基準といろいろな「最低」ライン

生活保護制度以外にも、生活の「最低限界」を定めた制度がある。たとえば最低賃金制度がそうであるし、個人住民税の基礎控除や非課税限度額も一種の「最低限界」であろう。個人住民税の非課税限度額等は、福祉サービス等を利用する際に自己負担分を減免したり、保険料を減免したりする「低所得層」を割り出す根拠として多用されており、保護基準の貧困ラインと似た機能を果たしている。このほか、破産した場合に差し押さえ免除になる収入や資産も、「最低限界」といえるかもしれない。

さらに年金や雇用保険などの社会保険の給付水準はどうなのか、という問題もある。最近では最低賃金と保護基準の水準や、基礎年金と保護基準の水準の比較が話題になっている。いずれも保護基準の方が高い、ということが「問題」になっているわけである。明らかにこれは、「最低」ライン同士が否応なく比較される運命にあることを示すものだが、「問題」は保護基準が高いか低いかではなく、これらの「最低ライン」と生活保護の定める貧困ラインとしての保護基準が、必ずしも合理的な理屈で整理されていない、という点にある。

たとえば最低賃金について当初は、生活保護基準と同様にマーケット・バスケット方式などによる最低生活費を基礎とする考え方もあった。しかし賃金には能力給の考え方もあり、事業者の支払い能力を考慮するという原則もあるため、その「最低」の意味は保護基準と同じではない。

現在の最低賃金の場合、地域最低賃金には47通り、産業別最低賃金には249通りの「最低」ラインがあり、高い方をとっても、保護基準よりは低い水準となっている。貧困ラインとしての保護基準は、最低賃金引き上げの根拠を与えているともいえるが、右に述べたような意味の違いがあるので、引き上げはそう簡単ではなかろう。逆に「働いていない人」の生活保護基準が高すぎる、という反論が出そうである。

実際、基礎年金水準との比較で、保護水準の方を引き下げるべきだという議論になった。生活保護における老齢加算や母子加算（生活保護受給世帯で母子世帯に支給される手当）の削除は、そうした意見に基づいてなされたものである。ここには「税で面倒を見ている」保護水準が、自助努力の要素を含んでいる社会保険給付水準より高いのはおかしい、という考え方が強く反映している。

だが、基礎年金の場合も、その「基礎」水準設定は、保護基準とは異なっている。もともと年金の保障範囲と水準については、それが最低生活費保障だとする考えと、そうではなくて従前の所得の一部を代替するものだ、という考えの二つがあった。今日の二階建て年金は、全国民に共通する国民年金と、その上に乗る厚生年金や共済年金とに分かれており、前者は定額給付による基礎年金、後者は報酬比例年金と整理されている。

このため基礎年金は最低生活保障、報酬比例年金は従前所得の代替と考えられやすいが、必ずしも基礎年金は最低生活保障とは言い切れない。この二階建て年金に移行した1985年改革をめぐる議論を振り返っても、基礎年金は「最低生活」を明確に示してはおらず、老後における生活の「基礎部分」という表現に終始している。

たとえば1984年、衆議院社会労働委員会の審議で当時の年金局長は、基礎年金を最低生活保障と位置づけてよいかとの質問に対して「基礎年金で老後生活のすべてを賄うのは無理であり、その考えはとっていない」と述べ、「食費を中心とした老後生活の基礎的部分を保障するもの」と説明している（週刊社会保障 No. 1292 1984）。

さらに同じ委員会で福武直氏（当時の社会保障研究所所長）も、「基礎年金は全国民を対象とするものであり、「生活保護基準を上回るかあるいは同等程度」と考える必要はなく「基本的に生活を支える基礎」になればよい。老齢年金のミニマムと生活保護のミニマムは異なってよい」と、参考人としての意見を述べている。

社会保障学者山田雄三氏も、年金というものは過去において稼得者であった人を対象とする備えの一つであって、現在困窮している場合は生活保護が機能すればよいのだから、年金額が生活保護費を下まわっても別におかしくないと言い切っている(『社会保障政策論』)。

このように基礎年金は最低生活費としての性格が曖昧で、保護基準のような貧困ラインの意味を今のところ与えられていない。それなのに、「最低」としての比較がなされてしまうのである。そうであれば、もとの考え方自体の合理的な整理が必要だということになろう。

たとえば最低賃金や基礎年金を最低生活費として位置づけし直すか、あるいは「最低」の一部とするかのどちらかである。前者であれば、いちおう保護基準がその際の目安となる。後者であれば、生活保護基準の方が高くともかまわない、と山田氏のように割り切って、その差額を生活保護で補塡するようにするしかない。もっとも、生活保護の支援を受けなければ、労働者の最低賃金では生活を支えられないとするなら、ちょっとおかしいことになる。最低賃金はむしろ生活保護と同様の考え方、あるいはそこに勤労のための必要経費を加えた額で整理した方がよい。

ここで、個人住民税の非課税限度額や基礎控除についても若干付け加えておきたい。すぐ前で述べたように、これらは「低所得」の基準となっており、個人住民税の非課税限度額は均等割が基本額35万円×世帯人数＋加算額21万円、所得割は35万円×世帯人数＋加算額32万円である。この限度額ではなく、個人住民税の基礎控除33万円が用いられる場合もある。

非課税という考え方は、最低生活の維持というニュアンスを含むが、非課税限度額も均等割と所得割で異なり、また単純に住民税の基礎控除額33万円が用いられることもあるので、非課税を示唆するものとして何を使うかによって、低所得ラインは異なってくる。ただし、個人住民税の非課税限度額は前年の生活扶助または生活保護基準が勘案されているといわれている。

実は「低所得」の境界については、社会福祉の分野では保護基準の1・2—1・4倍程度の水準を目安とするという考え方がかつて存在した。つまり、1・0以下が貧困で、その若干上が「低所得」であるとする、同一ライン上での位置づけがなされていたのである。この若干上、という基準は、しばしばボーダーライン（境界）層とも呼ばれた。後で詳しく述べるが、貧困ライン以下の貧困層だけでなく、このラインの若干上にあって、時々ラインを下回るような層が、ほぼこれに該当すると考えられる。このような貧困ラインとの関連で設定される「低所得」基準であれば、生活保護基準と合わせて用いることで、それぞれの問題に対処するという制度設計ができる。こうした調整のない課税最低限を、「低所得」基準として用いることがよいかどうかは大きな問題であろう。

ところで、ボーダーラインという考え方が、現代の介護保険制度などでも用いられているのをご存じだろうか。ここでは保険料やサービス利用の自己負担分を基準どおりに支払うと、保護基準以下になってしまうような世帯を指して、ボーダーラインと呼んでいる。そこで、このような負担を減額したり免除することによって、生活保護制度への参入を阻止する「境界該当層措置」という手段がとられている。ここでは保護基準による「最低」ラインが用いられているわけだが、それが生活保護の利用のためでなく、保険制度内での「減免」の基準として用いられている点に、ややこしさがある。

3章

現代日本の「貧困の経験」

†どのくらいの人が貧困ライン以下にいるか

貧困の境界についての教科書的な話がずいぶん長くなってしまった。いったい現在の日本にはどのくらいの貧困者が存在しているのか、それは増えたのか減ったのかだけが知りたいのに、と叱られそうである。このところ私もそういった質問にずいぶん悩まされている。「いったい日本の貧困人口はどのくらいなのですか？」「ワーキングプアが４００万世帯というのは本当ですか？」等々。

だが、すでにここまで読んでくださった読者の方にはお分かりのように、その貧困の大きさや増減は、何を貧困ラインにするかで異なってくる。それだけでなく、利用するデータの違いによっても、その結果は当然違う。

望ましいのは、できるだけ複数の貧困ラインを使った、全国規模の信頼できる調査データに基づく多様な測定結果があることだ。たとえば、国が生活保護基準などによって「公式」の測定結果を定期的に発表し、これとはまた別の貧困ラインやデータに基づき、さまざまな団体や研究者が測定を行い、その結果を発表することで、生産的な議論や批判が交わされる、というようなことである。先に述べた成熟度の高い社会とは、言ってみれば、そのようなことが行われている社会といってよい。

残念ながら現在の日本は、このような意味での成熟度はきわめて低い。かつては生活保護と同等の消費水準にある世帯の推計（低消費水準世帯推計）を国が行っていたが、これは1965年でストップしてしまった。社会諸団体や研究者の関心も、これまでは薄かった。

そこで日本では、かなり長い間、生活保護受給者と人口の比率、つまり保護率が貧困の大きさを示す指標となっていた。だが、もちろん保護率は本来の貧困把握とは異なる。1955年の「低消費水準世帯」の割合は11・3％、世帯保護率は3・5％（人口比2・2％）、65年はそれぞれ4・4％、2・5％（人口比1・6％）となっている。明らかに保護率の方がずっと低い。先に述べたように、ここには生活保護の捕捉率の問題がある。貧困世帯がみな生活保護を利用しているわけではないのである。

このような状況では、貧困の大きさやその増減について、明確な答えを口にしにくい。先のような質問を受けると、私は正直どう答えたらよいか、考え込んでしまうのである。

そこで、信頼できる国の貧困統計はないということを前提に、何人かの研究者の測定のうち、全国データを使った最近の推計結果から、貧困ライン以下にある人々がどのくらい存在し、その特徴がどのようなものかを、まず概観しておこう。

表2は生活保護基準を使った駒村康平氏と星野信也氏、およびOECD相対貧困基準（50％水準）を利用した西崎文平氏および私の推計した貧困者割合である。いずれも、家

表２　貧困世帯の割合

(%)

駒村推計(生保)	1984	1989	1994	1999
一般世帯	2.2	1.9	4.3	4.8
単身世帯	13.2	7.8	25.3	17.6
合　計	8.7	3.0	8.4	7.7
西崎推計(OECD)	7.3	—	8.1	—
星野推計（生保)	—	4.2	—	—
岩田推計(OECD)	—	8.0	—	—

OECD 相対所得貧困は 50% 水準

資料：駒村康平「低所得世帯の推計と生活保護制度」
東京都立大学人文学報 No. 261 1995（星野信也「福祉国家中流階層化に取り残された社会福祉」岩田正美「社会福祉における政策と問題量の計測」）

計簿方式で収支を把握する全国消費実態調査データを用いているので、信頼度は比較的高い。駒村氏はバブル期とその崩壊期を含む過去4回分、西崎氏は84年と94年の2回、星野氏と私はバブル期の89年のみである。

生活保護基準による駒村推計では、バブル期の89年を除くと、3回ともだいたい8％程度の世帯が貧困に区分されている。この8％に国勢調査の一般世帯数を掛け合わせると、2005年では約390万世帯が貧困ということになる。

駒村氏は生活保護制度による貧困世帯の捕捉率も推計している。先に述べたように、この捕捉率は、保護基準以下の貧困世帯の中で、実際に生活保護を利用している世帯の割合である。各年16・5％、25・2％、12％、18・5％となり、生活保護はだいたい貧困世帯の2割程度を把握していることになる。

ＯＥＣＤの相対所得貧困の50％水準を使った西崎推計ではそれぞれ7・3％、8・1％であるから、貧困世帯割合は駒村推計とあまり変わらない。バブル期の私の推計も8・0％である。これらの推計から貧困率は、バブルの前後であまり大きく変わっていないように見える。ただし、駒村推計の一般世帯では84、89年と94、99年では、明瞭に後者の方が貧困割合が高くなっている。もともと際だって貧困率の高い単身世帯の方は必ずしも増えているわけではない。

表３　OECD 諸国の貧困率ワースト５(2000 年)

	(%)
メキシコ	20.3
アメリカ合衆国	17.1
トルコ	15.9
アイルランド	15.4
日本	15.3
OECD 平均	10.4

資料：OECD　Society at a Glance (2005)

ところが、新聞報道などで気づかれた方もあるだろうが、ＯＥＣＤによる加盟国の貧困率の報告では、日本の貧困率の増加が強調されている。表３は２０００年の相対所得貧困世帯の割合の高い方から５ヵ国を示している。20ヵ国全体の平均が10・４％なのに対して日本の貧困率は15・３％で、５番目に高い。先の西崎氏や筆者の80年代のＯＥＣＤ基準を使った推計と比べても、約2倍と、かなり高くなっていることが分かる。

以上は貧困ライン以下の世帯数の割合であるが、ＯＥＣＤではそれらの世帯の所得額と貧困ラインの所得との差（貧困ギャップ)、つまり貧困の深さというか極貧度というような角度からも貧困の程度を測っている。これで見ると、日本はメキシコ、アメリカ合衆国に次いで、ワースト3になる。こうした測定値の差は、OECDが国民生活基礎調査データを使っていることにもよるかもしれない。

表2で見るように、89年の星野推計で貧困率は4・2%と駒村推計よりやや高くなっている。生活保護基準には地域差があるが、星野氏はすべて1級地―1という、大都市部の高い基準で推計をしたためと考えられる。このように、測定にはどうしても、データや技術的問題による差が生まれてしまう。そのため、このような量的な測定は、一部の論者による統計技術の論争に流されてしまいがちであり、どれくらいの貧困があるのか、増えているのか減っているのか、分かるようで分からない、という不満が残ってしまうのである。

ともあれ、これらの推計では貧困ライン以下の人々の年齢や世帯の特徴も、ある程度明らかにしている。まず世帯主年齢で見ると、その数は年齢の若い層と高齢層で多くなっており、U字カーブを描くように貧困が分布していることが分かる。

世帯類型では、先の表2でも明らかなように、単身世帯の貧困率がきわめて高く、94年には単身世帯の4分の1強が貧困となっている。駒村氏は単身世帯の場合、特に40歳以上で急激に貧困率が高まっていることを指摘している。

このほか、現在求職中の世帯で貧困率が高いこと、就業しながらも貧困な世帯、つまりワーキングプアが単身女性で15％、女性世帯主世帯（多くはシングルマザーの世帯）で18％と高いことなどが明らかにされている。

†「貧困という名のバス」の乗客

貧困は、「あってはならない」という社会の価値判断に基づいている、と述べてきた。したがって、貧困ライン以下にある人々の生活は、貧困対策が対象とすべき課題であると言ってよい。だが同時に、そのようにある時点で把握された貧困のすべてが本当に問題だろうか、という疑問も湧いてくる。

たとえば、若い時には賃金も低くて苦労したという経験を持っている人は少なくないだろう。だがそうした場合でも、その後の人生はまあまあ満足のいくもので、車を買ったり家を建てたりして、若かった頃の貧困も人生のスパイスのようなもので、今となっては懐かしい思い出話になっている、というようなことが結構ある。

福祉国家論で著名なエスピン＝アンデルセンは、このような、ほんの一時期の貧困はたいした問題ではないと言い切っている。問題はむしろ、特定の人々に「固定」してしまった貧困である。

彼は、経済学者のシュンペーターが階級について、「いつも満員の、しかし常に異なった客で満たされているホテルやバスのようなものだ」と例えたことにヒントを得て、貧困もまた、顔ぶれの違っている「乗り合いバス」のようなものだ、と述べている。

この「乗り合いバス」の乗客は、次々と乗り降りする可能性がある。そうだとすると貧困は、それほど大きな問題ではないことになる。他方で、ある特定の人々がいつもこのバスに閉じこめられているとすれば、それこそが解決しなければならない問題になるという。ここで「あってはならない」ものとしての貧困は、普通の貧困測定でなされる貧困ライン以下という判断に加えて、そこに留めおかれる「時間的な長さ」によっても認識されることになる。この「時間的な長さ」は、格差論でもしばしば言及された「固定化」という言葉でも表現できる。では、どうやってこの「固定化」を把握することができるだろうか？

ある時点の所得や消費データに貧困ラインを当てはめるという「普通の方法」では把握できない。家計調査や消費実態調査のような官庁が定期的に行う調査でも、それぞれの時点で調査対象が入れ替わっているから、それは、異なる人々の生活状態を、いわばスナップ・ショットのようにその時々で切り取ったものに過ぎない。だから、こうした調査法では、たとえばAさんの今の貧困が以前から続いているものなのか、それとも前は違っていたのに最近になって貧困になったのか、分からない。社会全体の中で、ある測定基準で見たときの貧困が増えたか減ったかぐらいしか、把握できないわけである。

もし、貧困という名の乗り合いバスの乗客のうち、ずっとその中に閉じこめられた「常連さん」と、活発に乗り降りする「一見《いちげん》さん」とを区別しようとするなら、同じ人々の生活の変化を、ある程度の時間をかけて追跡した調査データが必要となる。

このような長期定点観測型の調査として、パネル調査と呼ばれるものがある。この調査の詳しい説明は省くが、パネル調査は、調査対象となる特定の人々を決め、その人々を長期にわたって繰り返し調査するという方法である。だから、収入にせよ結婚にせよ働き方にせよ意識にせよ、時間軸に沿って生じた変化が個々人について把握できる。

現在このパネル調査は、欧米の社会調査で主流となっており、個人の生活だけでなく、企業の活動や政治意識など、さまざまな社会現象をダイナミックに把握する手段として活用されている。90年代以降は特に貧困論の分野において、この調査データの利用が盛んになり、その社会における一時点の「量」としてではなく、個人の人生における「経験」として貧困を把握することの重要性が強調されるようになった。

すなわち、個人のライフコースにおいて「貧困に陥った」、「貧困から脱出した」、「ずっと貧困状態にある」、「一度も貧困になったことがない」などの流出入や継続を、貧困の経験として把握するのである。これは貧困のダイナミックス分析と呼ばれている。先のエスピン＝アンデルセンの主張は、このようなパネル調査による貧困ダイナミックス分析の、欧米における隆盛を背景としたものである。

†若い女性の35％が貧困を経験

それでは、貧困のダイナミックス分析から日本の貧困を見るとどうなるだろうか？　もちろん、従来の貧困分析さえ不十分な日本で、貧困のダイナミックス分析がきちんとなされるはずがない。第一、日本ではパネル調査そのものがようやく黎明期を迎えたところである。おまけに統計法という法律による制約があって、このような分析のために、大規模な官庁統計を二次利用する道はほとんど閉ざされている。こうした情けない状況について述べていくときりがない。そこで、ここでは一定年齢集団の女性を対象とする全国規模のパネル調査のデータによって、貧困の時間的長さやその出入を含んだ貧困の経験を見ることにしたい。

この調査は、格差社会が危惧され始めた1993年に全国の女性1500名を対象として開始されたもので、その後現在まで継続して調査が行われている（調査名は「消費生活に関するパネル調査」、調査を行っているのは財団法人家計経済研究所）。私は濱本知寿香氏とともに、世帯全体の年収が調査されている1994—2002年の9年間のデータと、新たに対象者を加えた2003—05年の3年間のデータを利用して、生活保護基準を貧困ラインとした貧困ダイナミックス分析を行った。

最初からこの調査に参加した集団をコーホート（同一年齢集団）Aと名付けておく。コーホートAは1959—69年生まれで、93年調査時点では34—24歳であった。コーホートAについては、1994—2002年までの9年間の結果（収入がすべて把握できた572名）と、後の追加グループとの比較をするためになされた2003—05年までの結果を利用している。2005年調査時点でこの集団は46—36歳である。

後から調査対象に加わったのは、コーホートB（1970—73年生。05年時点で32—35歳、163名）、コーホートC（1974—79年生。05年時点で31—26歳、273名）である。18歳を目安に考えると、コーホートAの人々はバブル崩壊前の時代、コーホートBの人々の場合は、おおよそバブル崩壊の前後、コーホートCの人々はバブル崩壊後の、もっとも就職が厳しいといわれた時期に社会に出たといえる。

いずれにしても、若年層の格差問題が指摘されはじめた時期の9年間と、2005年からの3年間のデータであることから、格差社会における貧困の性格を把握する上で示唆に富む。この結果を手短に紹介してみよう。まず、コーホートAの9年間のデータを利用して、貧困の経験がどのようなものか見てみよう。

女性たちの9年間の貧困の経験は、その女性がそれぞれの時点で属していた世帯の年収が貧困ラインに対してどのくらいの倍率か、で測られる。そこで貧困と見なされるのは、貧困ラインを1とすると、1未満の倍率の場合である。これは「普通の方法」と同じである。貧困ラインには生活保護基準を使い、これと対応させるために年収は月収に修正してある。すでに見てきたように、保護基準は各世帯ごとの「組み合わせ」と地域（級地）によって計算している。

図1　9年間の貧困の推移
（コーホートA、単年度ごとの貧困率）

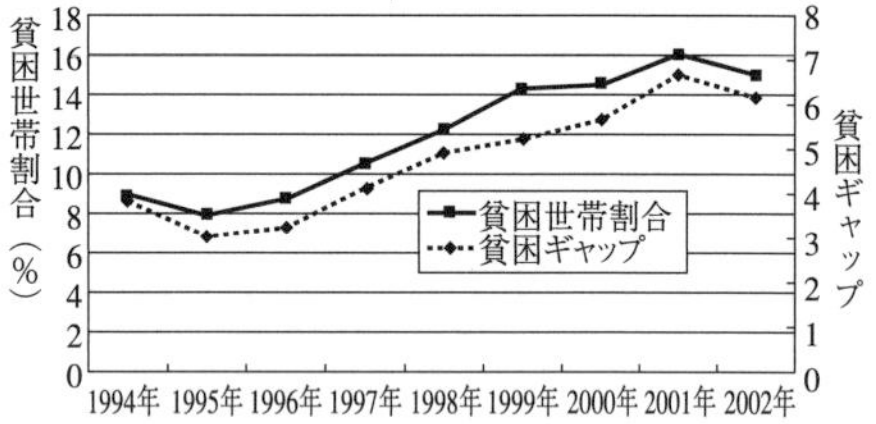

資料：家計経済研究所　消費生活に関するパネル調査各年データ

貧困の経験を見る前に、「普通の方法」で、単年ごとの貧困ライン1未満の世帯の割合を見ておくと、図1のようであった。94年時点では8・9％であるが、その後拡大しており、97年は10・5％、98年は12・2％、99年は14・3％、2000年は14・5％、01年は16・0％となっている。02年は若干落ちて、15％である。

図1には貧困ギャップ率も載せてあるが、貧困世帯の割合と同様の動きを見せ、特に97年から2001年にかけて貧困が深まっていることが分かる。

次に、9年間の貧困ダイナミックスを見てみよう。9年間の貧困倍率の動きを、対象者ごとに確かめていくと、その貧困経験は、次の四つのタイプに分けられる。

(1) 9年間ずっと貧困ライン1未満の倍率で過ごしてきた人々(持続貧困)
(2) 9年間で一度は1未満になったことがあり、なおかつ9年間の平均倍率が1未満、つまりおおむね貧困ラインより下にいた人々(慢性貧困)
(3) 同じく一度は1未満になったことがあるが、9年間の平均倍率が1以上、つまりおおむね貧困ラインよりは上にあった人々(一時貧困)
(4) 9年間一度も1未満になったことがない人々(安定)

(1)〜(3)が貧困経験あり層、(4)は貧困経験なし層ということになる。

調査結果をこの四つのタイプで分類すると、それぞれの割合は表4のようになった。貧困経験層は35%(持続、慢性、一時の合計)ときわめて高い。単年度ごとの貧困率は高くて16%であったが、これを個人の経験として見ると、この2倍以上、35%もの女性が9年間のうちに一度は貧困を経験していることが分かる。スナップショットとして貧困を見るの

表４　貧困経験の類型（９年間、コーホートＡ）

	持続貧困	慢性貧困	一時貧困	安　定
割合	1.0%	6.8%	27.2%	65.0%
平均貧困倍率	0.6	0.8	1.5	2.4

資料：図１に同じ

ではなく、人々の人生行路にあわせて貧困の経験を把握すると、こんなにも多くの人々が貧困を経験していることが見えてくる。このことにまず注目していただきたい。

最初の二つのグループ（持続貧困と慢性貧困）をバスの常連客＝貧困固定層と見なすと、７・８％の人々が貧困を長く経験しており、それが一時的なものにとどまっている人は27・２％である。つまり、貧困を経験した35％の人々のうち、多くは一時的なものにとどまっており、エスピン＝アンデルセンの危惧するバスの固定客は、それよりも少ない７・８％で、すこしほっとする。が、それでも考えられているよりは、ずっと高い。

今度は、この四つの貧困経験タイプの、貧困ライン１に対する各々のタイプの平均貧困倍率に注目してみたい。これは収入と貧困ラインとの隔たりを意味し、貧困ギャップ率と同じような貧困の深さを表す。表４から分かるように貧困を経験していない安定層は平均で貧困ラインの２・４倍を維持しているのに対して、持続貧困層は０・６、慢性貧困層は０・８、一時貧困層は１・５である。つまり、貧困の経験の違いは、貧困の深さの違いを示していることが分かる。

貧困を長く経験している層ほど貧困ラインからの隔たりが大きく、持続、慢性、一時、安定の順に並ぶ。これを図2のような箱ひげ図（平均だけでなく、倍率のバラツキの大きさも示す）で表すと、もっとはっきりする。

図2　貧困類型ごとの所得の貧困倍率分布
（9年間、コーホートA）

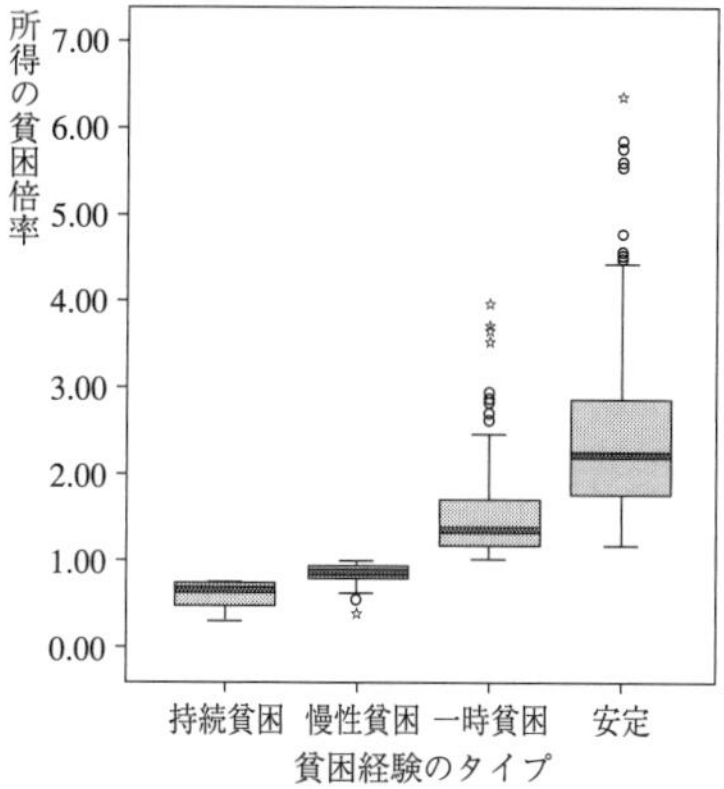

資料：図1に同じ

持続貧困と慢性貧困の箱はひしゃげているが、一時貧困の箱は少し大きくなり、安定層では倍率の大きい方へ箱がしっかりと膨らんでいる。それだけでなく、さらに6倍から7倍の間まで延びている。

これを見ると四つのタイプは、貧困ラインの6割水準の持続貧困層、同ラインの8割水準の慢性貧困層、同じく1・5倍水準の一時貧困層、同じく2・4倍水準の安定層、という順序で一列に並ぶ社会集団として位置づけられるように見える。しかし一時貧困層に注目すると、その中には箱ひげ図からも分かるように、上へ延びていくケースもあり、そういった場合はエスピン＝アンデルセンが述べたように、ほとんど問題がない貧困とも言える。しかし、平均すれば貧困ラインのやや上に固定されている。これは先に述べた「最低ライン」における、保護基準の1・2―1・4倍という低所得水準ラインを思い出させる。

日本の場合、一時貧困がこのような保護基準ぎりぎりのボーダーラインにあるとすれば、これをエスピン＝アンデルセンのように「長い人生のスパイス」と言って済ませられるかどうか疑問がわいてくる。

むしろ四つのタイプは、明確なバスの常連客、バスから降りることはあるがバスの周辺をうろうろしている、それほど豊かではない不安定層と、決して貧困バスなどに近づかないばかりか、そのはるかに上の豊かな生活を享受している安定層とに階層の序列化が進んでいることを示しているのではないか。

いわゆる格差社会とは、実はこのような階層序列が明確になり、バスに閉じこめられた層と安定層との亀裂が大きくなるだけでなく、バスの周辺から離れられない不安定層をも生み出す社会なのだと見た方がよさそうである。

†最近3年間で進む貧困の固定化

表５　コーホート別貧困類型の分布と貧困倍率
（３年間、コーホートＡ、Ｂ、Ｃ）

	持続貧困	慢性貧困	一時貧困	安　定
コーホートＡ	9.7%	7.6%	11.6%	71.1%
平均貧困倍率	0.6	0.9	1.2	1.9
コーホートＢ	17.8%	6.7%	14.1%	61.4%
平均貧困倍率	0.6	0.9	1.2	2.0
コーホートＣ	11.0%	9.5%	20.5%	59.0%
平均貧困倍率	0.7	0.9	1.4	2.4

資料：図１に同じ

続けて表５も見ていただきたい。これは追加対象グループであるコーホートＢ、コーホートＣを含め、最近３年間（２００３—05年）の貧困経験を示している。この表から、コーホートＡの貧困経験は28・９％、コーホートＢのそれは38・６％、コーホートＣのそれは41％であることが分かる。９年間のデータではコーホートＡの貧困経験は35％で、それに比べると中年期にさしかかった３年間のデータではその割合が減っている。しかしコーホートＢ、Ｃの貧困経験者はきわめて多く、とくにコーホートＣでは４割強がこの期間に貧困を経験している。

さらに、この表５から注目されるのは次の３点である。

第一、安定層はコーホートＡ、Ｂ、Ｃの順に大きく、Ａは７割、Ｂは６割、Ｃでは６割を切っている。

第二、一時貧困層はＣ、Ｂ、Ａの順となる。

第三、持続・慢性貧困層はＢ、Ｃ、Ａの順であるが、Ｂは約25％、Ｃは約20％、Ａは17％強と、いずれもかなりの割合である。

これらから、B、Cの若い世代で貧困の経験者が多く、一時貧困層にも〝常連客〟が多いこと、中年期のAではB、Cに比べて安定的であるが、それは一時貧困の減少によるものであり、持続・慢性層は先の9年間と比べてもかなり多いということが分かる。つまり、安定層と常連客への二分化が見られるのである。

この点については、共同研究をしている濱本知寿香氏が、先のAグループの9年間のデータを使って、貧困の固定化をもっと正確に証明している。濱本氏は9年間を1994—97年と99—2002年の3年間ずつ二つの期間に分け、一時貧困と持続・慢性貧困の割合を比較し、持続・慢性層は6・6ポイント、一時貧困層は1・5ポイント、99—2002年の方で増加していると指摘している。つまり、近年の貧困の増加は固定化の方向で進んでいるのである。

特に、コーホートAの中でも相対的に若い層で持続・慢性貧困が増えており（8・1ポイント増）、一時貧困はむしろマイナスになっていると指摘している。表5のB、Cグループの貧困経験層全体の増加をここに重ね合わせてみると、若年女性全体における貧困経験の増加、中年期における貧困常連層と安定層への二分化の進行が推測されるのである。

このように、一定年齢の女性に限定された資料の範囲ではあるが、「貧困の経験」という角度から捉えると、「普通の方法」で捉えるよりも、もっと深刻な形で貧困が人々の生活の中に侵入していることが読み取れる。エスピン＝アンデルセンが期待したような、人生のスパイスのような一時貧困だけでなく、貧困の固定化の傾向や、貧困ラインのやや上に張り付いた不安定層を含んだ貧困の序列化が見いだされるのである。

男性や高齢期までも含めた包括的なパネル調査がない現在では、残念ながら、これ以上のことは分からない。ただし高齢者については、東京都老年総合研究所がミシガン大学と共同で行った高齢者パネル調査データの１９８７—90年分を、生活保護基準を貧困ラインとして検討した原田謙氏らの報告がある。これによれば貧困固定層は22・９％、一時経験層は20・６％、安定層は56・５％であった。固定層の８割近くが女性で、安定層の６割以上が男性であったという。先の駒村推計でも指摘されたような高齢女性の貧困は、特に固定貧困として存在していることがうかがえる。

†貧困と結びつくリスク

では、以上のパネル調査で貧困経験層として見いだされた人々の生活状況やプロフィールには、何か共通点があるだろうか。そこには貧困と結びつきやすい項目があるだろうか。

ここではコーホートＡの９年間のデータを用いて、持続貧困と慢性貧困を固定貧困とし、このグループと一時貧困、安定の計三つのグループそれぞれについて、9年目である2002年時点の職業、学歴、家族状況などの特徴とどう関連しているかを確かめてみた。それをまとめたのが表6である。ここから次のことが分かる。

まず職業との関係では、本人が常用雇用の場合は安定層が多く、一時貧困も含めて貧困層は少ない。次に安定層で多いのは無職層で、これは専業主婦の特徴でもある。ただし無職層には固定貧困もやや多く現れている点に注意したい。自営業、パートとも一時貧困が多いが、パートでは固定貧困もやや多くなっている。

この表には載せていないが、結婚している女性の場合、配偶者が無職の場合に最も貧困経験が高く、自営業、パート雇用がこれに続いている。

本人の学歴と貧困経験の関連はきわめて明瞭で、学歴タイプごとに貧困経験のタイプが異なっている。中卒レベルで貧困経験層が多く、固定貧困は36％、一時貧困は32％、合わせて68％にも上る。高卒グループでは一時貧困が多くなるが、貧困経験全体で41・2％になる。これに対して大卒グループでは、8割以上が安定層である。

配偶関係では、配偶者のいる女性に比べて、配偶者のいない女性の方が固定貧困が多くなっている。無配偶者の家族類型では、「子と同居」の9割以上で貧困経験があり、そのうち半分以上が固定貧困である。「親と子と同居」でも貧困経験者の多さが際だっている。

表６ 「貧困経験」タイプの特徴

		固定貧困層	一時貧困層	安定層
1 本人職業	自営業	2.3%	38.6%	59.1%
	常用雇用	7.0%	17.3%	75.6%
	パート雇用	8.6%	33.3%	58.1%
	無職	9.2%	26.3%	64.5%
2 本人学歴	中卒	36.0%	32.0%	32.0%
	高卒	8.6%	32.5%	58.8%
	専門専修・短大・高専	4.8%	25.3%	69.8%
	大学・大学院	5.3%	14.5%	80.3%
3 配偶関係	有配偶	5.9%	26.4%	67.8%
	無配偶	14.9%	29.7%	55.5%
4 無配偶者の家族類型	単身	8.7%	21.7%	69.6%
	親と同居	8.2%	28.4%	63.5%
	子と同居	53.9%	38.5%	7.7%
	親と子と同居	23.5%	41.2%	35.3%
5 有配偶者の子ども人数	0人	0.0%	18.2%	81.8%
	1-2人	4.6%	23.2%	72.2%
	3人以上	11.2%	37.1%	51.7%
6 就業変動	離職経験	9.6%	30.6%	59.8%
	就業継続	2.7%	17.0%	80.3%
7 婚姻変動	離死別経験	27.1%	41.7%	31.3%

資料：図１に同じ

これはシングルマザーの世帯である。

有配偶者では、子どもが3人以上になった時に貧困経験が多くなる。子どもの養育と貧困の関係はラウントリーの時代から指摘されてきたことだが、日本ではまだ子どもの養育費による貧困が経験されているのである。

さらに離職の経験者は就業継続者に比べて一時貧困が多くなり、離死別経験者の貧困経験率は7割近い。これは先のシングルマザーの貧困の高さと同じことを示している。

なお表6には示してないが、この貧困タイプは資産状況とも一致しており、貯蓄残高は安定層で最も高く平均523・4万円、一時貧困層はその約半分の237・1万円、固定貧困層は31万円と格段に低くなっている。ローンについて、住宅ローンとそれ以外のローンの残高を見てみると、住宅ローンは貯蓄残高と同じように安定層、一時貧困層、固定貧困層の順で低くなる。

住宅ローン以外のローンでは固定貧困層が高く、次いで一時貧困層、安定層となっている。後で多重債務者と貧困について述べるが、低所得者向けの無担保ローンなどが急増する中で、貧困層が無理な借金を負う傾向にあることと関係していよう。固定貧困の中でこのローンと結びつきが深いのは慢性貧困層で、持続貧困層では少ない。より貧しい層は、無理なローンさえできないのかもしれない。

表７　貧困経験と結びつきやすい項目

（オッズ比）

項目	９年間データ　コーホートＡ		３年間データ　コーホートA､B､C	
	貧困経験全体	固定貧困	貧困経験全体	固定貧困
未婚継続	3.367	14.290	4.680	10.800
離死別経験	5.807	3.135	10.031	10.985
離職経験	2.926	4.078	2.741	2.694
中学卒	3.921		3.943	3.200
高校卒	2.471		1.563	1.861
子ども１･２人			2.366	6.754
子ども３人以上	4.553	16.560	8.387	28.263
借家	1.742	3.989	2.227	2.753
生活様式の脱落	2.506	6.688		

資料：図１に同じ

以上のことを、貧困との結びつきの強い項目のオッズ比として示してみよう（表7）。オッズ比は競馬の予想や病気のリスク要因の把握などでも使われるもので、ある事象の生じる確率と生じない確率の比である。したがって、オッズ比が1より大きい場合、その項目はある事象を生じさせる確率が高いといえる。

ここでは表6で見たような貧困層の特徴から選び出したいくつかの項目を、貧困と結びつくリスク項目と考え、それが貧困経験全体と固定貧困とで、それぞれどの程度の結びつきがあるかを見てみた。9年間のデータのほか、追加対象者を含めた最近3年間のデータも利用した。この二つのデータでは使った項目が若干違うが、だいたいよく似た結果となっている。

貧困経験全体では、離死別経験、子ども3人以上、未婚継続、中学卒、離職経験などの項目との強い結びつきが見て取れる。固定貧困もほぼ同じ項目との結びつきがあるが、中でも未婚継続と子ども3人以上との結びつきが強い。最近3年間のデータでは、貧困経験と結びつく項目が増えており、中卒だけでなく高卒、子ども3人以上だけでなく1―2人までもが統計的に関連が強い項目となっている。いずれにせよ、一時貧困と固定貧困とではそのあり方に大きな違いはないということがここでも確認される。

このように若年期から中年期にかけての女性の貧困は、学歴や就業のほか、婚姻関係や子どもの数との結びつきが強い。結婚して子どもがなく、本人が常用で働き続けている場合が最も貧困経験から遠く、単身継続、離死別、子ども3人以上で貧困固定化の危険が大きくなっている。

つまり、現代日本では、標準型からはずれた人生を選択した場合、貧困のリスクが高くなっているとも言える。それは少しヘンではないか、と誰でも思うだろう。なぜ単身で暮らしていると、あるいはなぜ離死別を経験すると、貧困が多くなるのだろうか？

もちろん、中卒あるいは単身生活、離死別などが、それ自体として貧困のリスク項目なのではない。こうした要素が今の日本社会では貧困リスクに転じているのであるが、これについての考察は少し後回しにしたい。

先に引用した高齢者パネル調査の結果から原田氏は、高齢者の貧困への転落要因は男女とも転職・離職などの就労の変動や最長職（一番長く就いていた職業）の種類との結びつきが強く、特に女性は低学歴であることや配偶関係が変化することと貧困への転落とが強く関連していると指摘している。

現代日本の貧困は、バブルの崩壊やその後の非正規雇用の拡大を背景として増加してきたことは確かであろう。しかし、以上のことからも分かるとおり、就業形態や婚姻形態、世帯類型などが標準モデルから外れることと、貧困との結びつきが強いのである。しかも、離婚や単身世帯と貧困の結びつきは、女性のみならず、男性の場合にも見いだされうる。この点は次の章で、ホームレス問題との関連で確認することにしよう。

4章 ホームレスと社会的排除

†貧困は統計で捉えられるか？

これまで見てきた貧困ライン以下の人々、あるいは貧困経験のタイプは、いずれも社会調査のデータから導き出されたものである。だが、貧困者のすべてがこうした調査統計によって把握されているかといえば、そうではない。むしろ、一般的に言えば、貧困者ほどそうした調査対象から見落とされる可能性がある。

それはすぐ前で指摘したように、貧困というものが、標準モデルから乖離した生活と結びつきやすいからである。単身世帯が社会調査から落ちやすいことはよく知られている。不在であることが多いので調査員が嫌がるとか、いても調査を拒否することがある、という事情もあずかっている。しかも、少し前までは、最初から単身者が対象となっていない調査が少なくなかった。

前章で利用したパネル調査においても、単身者世帯は十分把握できていなかった。調査途中で抜け落ちてしまったケースでは、離婚や転職、転居など大きな変化を経験した人が結構いた。

さらに言うなら、一般的な調査の場合、長期入院している人や障害を持っている人、寮や住み込みで働いている人や簡易宿泊所などの利用者、福祉施設利用者などは、単身者以上に視野に入っていないだろう。外国人の居住者も、国勢調査などを除けば調査対象になることはほとんどない。まして、路上で寝泊まりせざるをえないホームレスは、統計による貧困把握にはまず含まれ得ないといってよい。

むろん国勢調査の場合、全数調査（調査対象をすべて調べる調査）であるから、こうした「落ちてしまう」人々の状態を把握する努力も、ある程度はなされている。とはいえ、そうやって把握された人々の多くは、「一般世帯」とは区別された「施設等世帯」（かつては準世帯）として仕分けされ、その数や性、年齢や配偶関係、就業・非就業などの基本項目が全体として分かるだけである。

先の駒村氏らの貧困推計で利用された全国消費実態調査や、家計調査などの収入や消費の調査では、最近になってようやく単身世帯がその対象になったぐらいだから、ホームレスのような人々ははじめから対象外である。OECDの相対貧困率のもとになった国民生活基礎調査も、単身者は含むが、一般世帯のみが対象である。

パネル調査によって貧困経験者が思いの外多いことが把握されても、統計による貧困把握に何か不満足感が伴うのは、それらが落としているものの多さをどこかで感じ取るからである。

そもそも社会統計によって最もよく把握できるのは「普通」を具現している中流層の

人々であって、桁外れの収入や資産を持つ富裕層も、普通の生活さえ維持できない貧困層も、かなりのところ抜け落ちてしまう。貧困率などの統計による把握は、この意味で常に限定的なものなのである。こうした統計から「抜け落ちてしまう」貧困者については、統計調査で用いるモノサシとはまた別のものを使うことで、ようやくその一端が分かる。

この点は、たとえばニートが、「在学も通学もしていない、かつ結婚しておらず家事もしていない」年齢34歳までの非労働力人口というような統計上の用語で把握され、その統計で計測された、あくまでデータ上での「実態」によって議論されていることとは対照的である。路上にいるホームレスの貧困や、簡易宿泊所で寝泊まりして日雇労働をしている人々の生活困難はデータにはないのだが、実際には「ある」のだから、何らかの方法でこの貧困を把握することはできる。

先に述べたスラムのような空間的基準は、これらの「実態」をつかむための一つの方法である。スラムだけでなく一定の地域全体を、貧困把握を目的として調査する方法もある。貧困調査の先駆者であるブースやラウントリーの調査でも、ある地域全体を丹念に聞いて回った結果をデータ化している。戦前の日本にも、こうした調査はたくさんあった。

こうしたやり方のほか、外国人労働者の集中する地域や職場での調査、ホームレスの一時施設での調査、低所得者向けの住宅や施設での調査など、貧困があらかじめ予想されるような集団や場所をその対象とする「実態」把握、という方法もある。

路上ホームレスは、こうした統計から落ちてしまう人々の代表である。と同時に、その「路上生活」は、公園や駅舎など私たちの目に付きやすいところで営まれているので、施設などの隠された「実態」よりは把握しやすい。このため近年では日本でも、たくさんのホームレス調査が行われるようになった。もっとも、「把握しやすい」といっても、それはその貧困が「目に見えている」というだけであって、ホームレスの調査はそれほど簡単ではない。すぐ後で述べるように、その数を把握するだけでも、かなりの困難を伴う。

以下では、この路上のホームレスに着目して、普通の統計では「落ちてしまう」貧困を再発見する意味を検討し、困難な調査から把握されたその実態から、現代日本の貧困を捉え直してみたい。

†ホームレスの「再発見」と「数」の増大

路上のホームレスは別に新しい問題ではなく、戦前や敗戦直後には、貧困の主要なタイプの一つであった。もちろん、その頃にはホームレスとは呼ばれていなかったが、高度経済成長期やバブル経済期の日本にも、もちろん存在していた。70年代のオイルショック直後には、釜ヶ崎や山谷など「寄せ場」(日雇労働者の仕事の斡旋がなされる場所や簡易宿泊所などが立ち並ぶ地区の呼称）周辺に野宿する日雇労働者が増えたことが問題になった。「寄せ場」だけでなく、都市のターミナル駅周辺にもある程度の「住所不定者」が存在していることは、警察や福祉行政、地元商店街の人々にとっては周知のことであった。たとえば東京の新宿駅周辺には、常時１００人前後のホームレスが存在していると言われてきた。ところが１９８０年８月、新宿駅周辺にいた「住所不定者」による新宿バス放火事件が起こり、防犯の観点から、東京都と地元商店街、そして新宿警察署による新宿駅周辺環境浄化対策会議が結成され、ホームレスの存在が問題視されるようになった。

同じ80年代に起きた横浜のホームレス連続殺傷事件や大阪のエアガン乱射事件など、青少年によるホームレス暴行事件をきっかけとして、今度は青少年による非行の被害者として路上ホームレスが「再発見」されている。

これらのことからも分かるように、ホームレスの存在は以前から「見えていた」し、「発見されていた」。それが治安や犯罪とのかかわりではなく、貧困の一形態として社会の関心を引くようになったのは、路上ホームレスの数が誰の目にも分かるような形で増加したことによる。その兆候が明らかになったのは、１９９２年の暮れから93年の正月にかけてのことである。

この時、新宿駅周辺に急に出現した「兆候」を、私は今でもよく思い出す。新宿の地下街に突然広がったダンボールの家や、寝る場所を求めて歩き回る人々、区役所やボランティア団体が提供する食事を求めてできた長蛇の列といった光景は、まるで文献で読んでいた戦後の混乱期のようで、バブルがはじけたとはいえ、豊かな日本の出来事とは到底信じられなかった。当時私は、救世軍の弁当配布に加わったり、福祉施設の職員の方たちや学生などとともに主要駅を回ったりしたが、新宿駅周辺の変化がとりわけ衝撃的だった。早朝の冷たい風に吹き飛ばされるダンボールの切れ端を見ながら、本当のことなのだろうか、と何度も自分に問いかけたものである。

その兆候が、本格的な「問題」へと発展していった様子は、新宿区の「生活相談」の統計を見ればよく分かる。この「生活相談」というのは、相談というよりは、カップ麺（現在は乾パン）などによる応急援護であり、当時の課長の言葉でいうと、ともかく餓死者をださないための「人道的支援」だった。

新宿区役所の相談延べ件数は91年度頃までは3千人台で推移していたが、94年度には4万人強、95年度は約9万人、97度年には10万人を超えている。「寄せ場」の一つである山谷においても、東京都がこの地区に設置している城北福祉センターの生活相談件数を見ると、91年度まではほぼ2万人台であったのが、93年度は6万5千人、94年度は8万6千人と急増した。96、97年頃に若干減少して8万人弱となったが、

98年には12万人と盛り返している。

特に98年は、ホームレスの数が一段と増加した時期である。96年以降の大阪市の主な公園の「小屋掛け野宿者」（テントや簡単な仮小屋などを作っている野宿者）数の推移をみても、96年に３７４人であったものが、97年には７０４人、98年には１２２３人に膨れあがっている。

ホームレスへの本格的な対応が検討され始めたのがこの98年前後であり、全国的な概数把握もこの頃から始められた。大まかな数字でしかないが、全国主要都市のホームレスは、98年には1万6千人、99年には2万人、２００1年には2万4千人である。03年には、国が統一的な方法による概数調査を試みるところまできており、2万5千人という数字が報告されている（表8）。

ホームレスの貧困を「再発見」することと、数の大きさは重要な関連を持っている。統計による貧困測定でもそうであったが、貧困の大きさは、まずその数によって実感されるし、とりわけ貧困対策の必要性への大きなプレッシャーになるからである。

よく知られているように、デモや集会の規模については、主催者発表と警察発表の2種類があり、前者は多め、後者は少なめである。これと同じで、ホームレスの支援者による算定は多めになりやすく、政府のは少なめになりやすい。

表8　各都市のホームレス概数(集約)

(人)

	第1回('98-'99)	第2回('99年)	第3回('01年)	全国調査('03年)
*5都市　計	14903*	17254*	17021*	15617
東京23区	4300	5880	5600	5972
横浜市	439	794	602	470
川崎市	746	901	→	829
名古屋市	758	1019	1318	1788
大阪市	8660	→	→	6603
その他の指定都市	956	1452	1900	2548
中核市および県庁所在地	388	706	5169	7131
その他の市町村	14903	1119		
*合計	16247*	20451*	24090*	25296

厚生省社会援護局地域福祉課調べ
第1〜3回調査は各都市がそれぞれの時期、方法で行ったものを集約したもの。全国調査のみ統一的調査である。したがって、調査時点、方法はバラバラであり、またすべての地域をカバーしていない。それゆえ第1〜3回の*合計数は目安であって、それ以上の意味はない。
なお、第2、3回の合計には第1回の大阪市の数が、第3回には第2回の川崎市の数がそのまま合計されている。

ホームレスの問題は、先に触れたように70年代のオイルショック以降、80年代にかけて欧米における大きな社会問題の一つであり続け、その数をめぐっても各国で論争が繰り広げられた。アメリカでも、支援団体が150万人と発表した数字をめぐって、マスメディアを巻き込んだ大論争になったことがある。

私が在外研修でイギリスに滞在していた頃、ブレア首相の野宿者削減目標数の達成度を検証する野宿者調査が行われた。ところがこの調査期間中、野宿者を路上から隠すためにシェルター（避難のための一時施設）に誘ったり、パーティを開くよう政府からシェルター経営者に圧力がかかったという批判が、福祉関係者などからあった。あるホームレスの研究集会で、このことが取り上げられ、政府の圧力についてだけでなく、ホームレス調査の具体的な手法にまで質疑が及んだのを目の当たりにして驚いたものである。

先に触れた日本における全国概数調査は、各地域の担当者や協力者が路上で「目視」するという形で行われたが、ある地域では、実際より少なめに報告した、というような「噂」を耳にしたことがある。支援団体からも、「少なくともこの倍はいるよ」といった声をよく聞いた。これには、路上ホームレスの数を把握することが、そもそも難しいという事情も絡んでいる。テントなどを張って住んでいるホームレスは数えやすいが、決まった寝場所を持たない人々をどう数えるかはそう簡単ではない。きっちりブルーシートで覆われたダンボールハウスの中に何人いるかは、外からでは分かりにくい。調査する時間帯によっても違ってくる。

こうしたことから、路上ホームレスの数は、あくまで大まかな目安として考えておいた方がよさそうである。

†ホームレスと社会的排除

統計で捉えられた貧困においても、その数というよりはむしろ、一定期間の「貧困の経験」として捉えることの方が重要であった。それと同じように路上ホームレスも、「増えた」「減った」ということだけでなく、ホームレスという形の貧困が、どのような意味を持っているのかを問うことが大事である。日本に先んじて「豊かな社会」におけるホームレスが問題になった欧米では、これを「ニュー・ホームレスネス」と呼び、社会的排除(social exclusion)という貧困に代わる新しい概念や、かつてのアンダークラス(下層階級)という用語を使って説明しようとした。

「ニュー・ホームレスネス」という言葉は、若年者や家族、さらには女性を含むホームレスが出現してきたことを表現している。それは伝統的な「浮浪者」のイメージとは異なっているという意味で新しい。だが、それと同時に「ニュー・ホームレスネス」は、ディケンズの小説などが描いてきた、かつての貧民街の人々と同じ悲惨な状況にあるという意味で、アンダークラスの再現であると受け取られたのである。

「ニュー・ホームレスネス」が出現した背景として指摘されてきたのは、70年代の石油危機と変動為替相場制への移行を契機に急速に進んだ「ポスト工業化」とグローバリゼーションによる、社会そのものの根本的な変化である。これについては1章で述べたので繰り返さないが、「ニュー・ホームレスネス」は、変化した現代社会における貧困の「再発見」

として捉えることができる。

この「再発見」は、ヨーロッパでは先にも触れた社会的排除という概念で議論された。アメリカの「ニュー・ホームレスネス」はアンダークラスとして「再発見」されたが、ヨーロッパでは社会的排除を具現するものとして取り上げられるようになったわけである。先に紹介した、イギリスにおけるホームレス数調査をめぐる疑惑問題も、ブレア首相が立ち上げた「ソーシャル・エクスクルージョン／ユニット」という、社会的排除対策のための特別機関の事業評価にかかわって出てきたものであった。

社会的排除という言葉は、1974年にフランスの社会福祉局長のR・ルノワールが書いた『排除される人々』に起源をもつと言われる。この本は、豊かな社会の裏側にある貧困の再発見を促した書であったが、80年代に入ると、先にも指摘したような二極化社会への進行の中で、福祉国家の貧困予防や救済から「排除」されている貧困がクローズアップされるようになった。

特に若者の長期失業やひとり親家庭、都市の周縁部に追いやられた移民層の貧困問題は、制度からの排除や空間的な居場所の排除を伴っていた。少し前にニュースになったパリ郊外の暴動などが象徴的だが、彼らの中には、同じ市民として扱われていないという不満や孤立感がある。

社会的排除という概念はフランスだけでなく、同じような問題を抱えたヨーロッパ諸国に急速に広がっていった。特にヨーロッパ連合（EU）は積極的にこれを取り上げ、加盟国における貧困や社会問題について方針を出す際のキーコンセプトとして用いるようになった。もちろんこれには、社会的経済的な結合を果たすというEUの目的を達するためには、この概念がとても都合が良かった、という政治的な思惑もある。

それはともあれ、社会的排除はさしあたり、「それが行われることが普通であるとか望ましいと考えられるような諸活動への参加から排除されている個人や集団、あるいは地域の状態」として定義されている。

もっとも、すでに述べたようにタウンゼント以降の貧困の捉え方には、社会のメンバーとして最低限の生活が送れるかどうかという観点が含まれており、当然そこには社会参加の有無も視野に入っていた。このためイギリスの貧困研究者たちは当初、この社会的排除という言葉を貧困の代わりに使うのを嫌がった、という経緯がある。実際に調査をすると、社会的排除は低所得層で多く観察されるため、結局のところはお金がないことと関連しているのだ、という批判もある。

だが、社会的排除という概念が強調しているのは、豊かな国々における福祉体制が、グローバリゼーションやポスト工業化が進展する新しい時代とマッチしなくなったために、労働市場にも入れず、社会福祉制度も利用できない人々が生まれている、ということであった。つまり、第二次大戦後、福祉国家の道を歩むことで社会統合を行ってきたヨーロッパ各国にとって、社会的排除は、国家の社会統合の危機と同じ意味を持っていたのである。

お金がない、という意味での貧困が、貧困ラインの上や下（アップ・アンド・ダウン）として把握できるとすれば、社会的排除は通常の社会関係への組み込まれと排除（イン・アンド・アウト）として描かれうる。したがって、80年代以降のヨーロッパでは、貧困ラインの上下で捉えられる貧困と、社会への出入りで捉えられる社会的排除をセットにして使うことが多くなっている。実質的には社会のメンバーとしての貧困と同じと考えてよいが、イン・アンド・アウトとしての社会関係の側面が、より強調されているのである。

80年代ヨーロッパにおける社会の大がかりな変容は、10年遅れでバブル崩壊後の日本にも生じている。90年代に急増した日本のホームレスは、「格差社会」論議やニート、フリーター問題に先駆けてこの社会の変容を具現し、貧困という形で路上に出現したものである。

だが日本における路上ホームレスは、その数の増大によって「再発見」されたのであって、新たな貧困（ニュー・ホームレスネス）や社会的排除としては把握されにくかった。もちろん路上生活は、私たちの生活とはあまりにもかけ離れている。それゆえ、ホームレス状態の人びとを見る目には物珍しさが加わって、「いい酒を飲んで、糖尿病で、路上で寝ている、おかしな人たち」として受け止められがちであった。「おかしな人たち」は私たちの仲間ではなく、別の社会に住む「あの人たち」であった。実はこのような捉え方自体が、ホームレスの社会的排除を示すものなのである。ホームレス状態の人びとが増加した90年代、青島幸男都知事（当時）は記者会見の席上で野宿者について「あの人たちは独特の哲学や人生観をお持ち」だけれど、「通行人に迷惑をかけていることに責任を感じてほしい」と発言しているのはその代表例である。

90年代は不況期であっただけでなく、それをテコに新自由主義の流れが一段と強まった時期でもあった。この中で「再発見」された路上ホームレスは、まさに「自己責任」の時代における無責任の典型として位置づけられたのである。

他方でホームレスの急増は、「自分もホームレスになるかもしれない」という不安を多くの人に抱かせ、テレビや雑誌などのマスメディアは〝普通〟の人々の転落ストーリーを競って収集した。メディアの作り手たちは、多数の高齢日雇労働者のホームレス問題よりも、ホワイトカラーや経営者から転落して路上生活をする少数の人々のストーリーに注目し、これを好んで取り上げる傾向にあった。おそらくそれが、社会の大きな転換点であった90年代の底知れない不安を象徴するもの、あるいはその不安を煽ることができるものと捉えられていたからだろう。だからこそ、自称元プロ野球選手のホームレスとか、経営者の失敗、「スーツ・ホームレス」などが注目されたのである。

こうした路上ホームレスへの見方は、その後数多く行われたホームレスの調査によって、あまりにも一面的であることが明らかになった。そこで、これらの調査や、私のインタビューなどで把握されたホームレスの路上生活を次に示してみよう。

†「路上で起居する」ということ

日本ではホームレス調査というと、「路上で起居している」ことがモノサシとして使われるが、そもそもこのモノサシにも問題がある。一般にはホームレスとは住居を失った人々であり、住居がある状態とそうでない状態は明確に区分できると思われがちだが、実際にはそう簡単な話ではないのである。

たとえば私たちは調査で、ホームレスとおぼしき人々に、「どれくらい前から野宿しているんですか？」という問いをまず投げかける。野宿とそうでないことが判然と分けられ、しかも野宿を始めると、もうその前の生活には簡単には戻れないということを、なんとなく前提にしているのである。だからこの問いによって、路上ホームレスかどうかを見分けようとする。

ところが、こう問われても答えられない人々が少なからず存在する。「1カ月前からだけれども、途中で仕事があったから、その工場の寮にいて、それが終わるとまた戻って来た」というようなことがよくある。私のインタビューでは「4歳の時に天王寺公園で野宿していた」と答えた人がいて、いつから野宿期間にするのか、頭を悩ませたものである。

1996年の大阪調査（社会構造研究会1997）では、釜ヶ崎の日雇労働者のうち、調査前1カ月に野宿を経験していた者が48・4%にも上っているが、そのうち野宿期間が1カ月の者は26・2%にすぎず、1カ月のうち半分以上は野宿だったがそれ以外は簡易宿泊所や飯場、病院、施設などにいた者、半月以上は簡易宿泊所や病院などで過ごしたが野宿をしたこともある者、それらと野宿が半々だった者などが含まれていたと指摘されている。

2000年に私たちが行った東京調査（都市生活研究会2000）でも、「ずっと野宿していた」者が48・5%であったのに対して、野宿を始めてからも「時々簡易宿泊所、飯場、ホテル等にも泊まっていた」者が36・5%、「病院や施設に一時入っていたこともある」者が4・8%、「簡易宿泊所、飯場、ホテル等にも泊まったことがあるし、病院や施設にも入っていた」者が8・4%となっている。

つまり、普通の住宅と路上が判然と分かれている人たちと、なんらかの「住居」があって、そこと路上を「行き来」する中で次第に路上生活が主となっていくような人々が存在しているのだ。言い換えると、貧困ラインを上下する人々が存在するように、ホームレスにも、何らかの「住居」と路上の間を「行き来」するような人々が存在するのである。

そこで、たいていのホームレス調査は、路上にいる方が多くなった時から、野宿期間を数えるようにしている。

「路上で起居」する形態も一様ではない。おおまかには、起居する場所が決まっていない場合と、決まっている場合とに大別することができる。後者を常設型、前者を移動型などと名付けて区別することが多い。

2000年の東京調査では、「頑丈な小屋、あるいはブルーシート等を常設」「ダンボールハウス等を常設」「ダンボール等を利用して毎回寝場所を作っている」「簡単に敷物を敷いて寝ている」「寝場所は特に作らない」「その他」に区分してみたが、それぞれ33・5%、8・2%、33・1%、21・4%、3・4%となっていた。

路上ホームレスの把握は常設型に偏りやすく、移動型は意識しないと把握できない。一般的には路上生活の期間が長くなるほど常設型に変化していくとか、駅周辺や繁華街などでは移動型になりやすく、大きな公園や河川敷などでは常設型になりやすい、といった傾向がある。私たちの生活は定住型だから、路上生活者であろうと、ほうっておけば常設型になる。移動型は、路上期間が短いか、常設を阻まれているような場合である。

もっとも、路上と、頻繁に変わる仕事場を「行き来」している人の場合は、常設といっても簡単なつくりのダンボールハウスで起居していることが多かった。90年代末に新宿駅地下街で私が話を聞いた人たちの中には、ダンボールを箱形に組み立ててその中に寝る、いわば「棺桶型」のものを作っている人々がいた。

簡易宿泊所のベッドを真似たようにも見える「棺桶型」は、ともかくも寝られればよいという人がつくるもので、荷物も少なく、すぐに畳んでそこを立ち去ることができる最低限の路上ハウスであった。ただし、寝ているときの安全確保のため、必ず蓋をする。それゆえ余計「棺桶」が連想されてしまうのである。

その中の一人の「家」は実に清潔な状態に保たれ、新聞などもきっちり畳まれ、持ち物はバッグにきちんと仕舞われていた。その理由を尋ねると、「声がかかれば、いつでも仕事に行けるようにしている」という答えが返ってきた。「仕事に行く」とは、寮などの宿舎付きの仕事であって、そうした場合、仮の「ハウス」はすぐに畳めないと困るのである。

河川敷などで暮らすようになったホームレスの中には、簡易な小屋掛けをしたり、テントを張って、そこに扉や表札、壁をしつらえて、普通の家屋を再現しようとしている例も見られた。自転車などを含めた家財道具も多く、犬や猫と同居する例も少なくない。私が調査をした多摩川河川敷では、1週間ほど前にここに来たという人がいて、アパートにあった家財道具一式を運び込み、犬を連れてきていた。「行き来」型ではなく、はっきりと普通の生活から路上へ来たタイプである。

†「生命の崖っぷち」と排除

このように、ホームレス生活といっても、路上での「起居」の仕方からして一様ではないが、共通点もある。一般的な貧困の定義を用いるならそれは、間違いなくみな極貧とされるような状況にいるということである。路上生活には、自由な哲学を語るいとまなどまったくない。その日一日を生きていくので精一杯である。彼らは安全に寝る場所や水やトイレを探し、食べ物の調達に奔走し、そして仕事の情報を求めて歩き回る。

運良く何らかの仕事に従事できれば現金収入を手にすることもできるが、なければそのへんに落ちている硬貨や食料やその他のモノに期待しなければならない。そのような生活は、ラウントリーの貧困ラインが基礎とした栄養基準や日常生活品の最低線を、当然のことながら下回ることになろう。

私のインタビューに答えてくれた元大工の50代のオダさん（仮名）の一日はこんなふうである。

朝は4時か4時半ぐらいに日雇いの仕事を探しに行く。いつも寝ている場所から一駅ぐらいのところにある小さな「寄せ場」だ。もちろん歩いていく。働いているときに足場から落ちて腰を痛めたオダさんにはなかなか仕事はないのだけれど、ともかく行く。行って親方に顔をつないでおけば、片づけぐらいの仕事はでるかもしれない、と、わずかな人間関係の維持に仕事の望みをつないでいるのである。

先月は片づけなどの雑役で6日ぐらい働けたので、そういう時は下着やズボンを買ったり、風呂のあるビジネスホテルに泊まったりしたけど、ないときは1銭もない。最近は、今日どうやって食うか、どうやって寝るかだけで、精一杯だという。

食べるものがないときには、ボランティアの炊き出しに並ぶ。コンビニやドーナッツ店の残り物をもらったこともある。最近は水をかけてあったりするので、探すのが大変だ。かなり遠くまで歩いていくこともある。1日1食か2食、なにか食べられればいい方。

寝る場所はだいたい決めてあるけれども、常設にはできない。場所も、だんだん、ガードマンや何かがダメだと言うところが多くなってきたので、ここにも居られなくなるかもしれない。ホームレスの多い場所は避けている。自分だけで生きていくのに精一杯なので、トラブルなどに関わり合うのがいやだからだ。

寝るときはダンボールで簡単な囲いを作るが、上から通行人に傘や漫画本を投げ込まれないように、蓋をして寝る。

「寝てて、これからどうなるのかなあ、と思うことがある。このまま、死んじゃうのかなあって」思う、とオダさんはつぶやくのである。

オダさんの話にあるように、ホームレスの人々はできるだけ仕事を探して、現金収入を得ようとしている。元大工のオダさんは建設関連の仕事をつないでいくために、朝から、日雇の仕事にありつける場所「寄せ場」まで歩いていく。これ以外にも、ホームレスの人々は雑誌集め、銅線や空き缶拾い、野球場などのチケット購入のための行列要員、引っ越し作業などの日雇仕事など、さまざまな仕事をしている。

だが、そうした仕事による収入は限られているし不安定でもあるから、先にも述べたように生きていくために必要なモノを「拾ったり」「貰ったり」するしかない。アパートから家財道具一式を河川敷に運んできた、と話してくれた人は、カップラーメンや缶詰などの食料を近辺のホームレスに配って、いわば「引っ越し挨拶」をした。そのため、あと2、3日で食料が尽きると言っていた。そうなれば彼もどこかで「拾って」くるしかない。

「拾う」モノは基本的に世の中の廃物である。ダンボールや衣類、新聞紙や傘、袋などを、人々は、捨ててある場所から拾ってくる。だから、ホームレス生活は、一種の廃物利用生活だと言えるかもしれない。ホームレスが大都市周辺に集まってくるのは、「仕事の情報が集まる」からだけでなく、こうした利用可能な廃物が日々大量に吐き出されているからでもある。

サンパウロ大学のロスキアボ・ドス・サントス氏は、日本の路上生活者が、ダンボールやビニールシートに「包まれて」寝ていることについて、それらの包装材が本来持っている機能が、「生命の崖っぷち」を生き延びようとするホームレスの人々のニーズに合わせて変質させられた、と面白い考察を行っている。氏によれば、そこで使われるダンボールやビニールシートは、カウンター・デザインによる「生命包装（ライフ・パッケージング）」なのだ。少々長いが引用してみよう。

日本の野宿者は、ダンボールを二重にしたりビニールシートを二枚重ねたものに縄やひもをかける。ダンボールもしくはビニールが野宿者の身体の一部にでもなったかのように見える。このような姿は一定の量となって、私たちに、この社会が誰を排除しているのかということを改めて見せてくれる。日本の野宿者はこの大昔からの文化的デザインである包み方を採用することによって、生命包装（life packaging）の意味と重要性を私たちに照らし出した。生命包装は文化的な意味も担ったのだ。

包装は工業デザインの領域を超える主題となった。現代社会の日常生活において、私たちはいたるところで〝包装〟を見る。製品より包装がデザインとして優れている場合もある。が、私がここで言いたいのは、包装が本来の機能を超えて、それ以上の意味をもつということだ。野宿者の材料文化、貧困者のシェルターの大部分の材料がそれである。野宿者による包装の再利用は、包装が捨てられた後、焼却炉でゴミとして燃やされてしまう前に位置している。ここでは、包装の本来の機能は、新しい使用者のニーズにすっかりとってかわられ、製品を保護するデザインという問題ではなくなり、虚弱な人間の生命を避難させる、反デザイン・カウンターデザインとでもいうべき次元に変質するのである。社会の最下層を排除しようという傾向は、無視されながらも都市での新しい生き方を実践して箱の中に住む野宿者の数の増加の前に矛先を鈍らされている。(中略)

野宿者が生き延びるためにぎりぎりの生命にとってのニーズにのみ合わせて、製品や材料を目的や位置の変更を含む反デザイン・カウンターデザインに執拗に変更させていくという現象は、現代社会で増え続けている。生命包装とは、物理的・心理的に野宿者が生きつづけるために闘いとる、生命の崖っぷちの獲得物である。

(ロスキアボ・ドス・サントス「包み込まれた〝家〟と〝生命〟――東京都内の略式住宅」「Shelter-less」編集部訳 1999: pp 8-9)

「生命の崖っぷち」にある人々の獲得物は、ダンボールやビニールひもだけではない。捨てられた毛布、バッグや衣類など、あらゆるものが、多くの場合その本来の機能へと引き戻され、生命の営みのためにもう一度利用される。

とりわけ食堂からでた残り物や、コンビニで廃棄された弁当を拾ってきて、それで空腹を満たそうとする行為は、サントス氏に従えば、もうすでに食料でなくゴミとなる運命にあるものを本来の機能に、つまり生命のための食料に引き戻そうとする行為だ、と位置づけることができる。もっとも最近の飲食店などでは、たばこの吸い殻や水をかけてゴミに出すそうで、ホームレスによる食料本来の機能への引き戻しは、なかなか承認されそうにない。

以前、学生たちがコンビニ店で捨てられる弁当をホームレスに配るという計画を立てたことがあって、いくつかのコンビニ店と交渉したことがある。学生たちにしてみれば、片方で地球規模の資源の無駄遣いがあり、もう一方でホームレスのような貧困があるという矛盾への、彼らなりの答えであったといえよう。が、見事に断られた。

そこには、たとえホームレスであろうと、「賞味期限切れの食品は渡せない」という理屈と、「ホームレスに品物を渡していると、顧客に非難される」という理屈があったようだ。

前者は、賞味期限切れの食品はもはや食品ではないという、現代の高度消費社会の論理にのっとっている。この論理の下では、食べ物がなくて飢え死にしても仕方がないが、自分のところの賞味期限切れの弁当で腹をこわされてはかなわない、という理屈が通用することになる。生命維持よりも、消費社会のルールの方が大事なわけだ。

後者の、ホームレスとの関わり合いは避けたいという理屈は、イギリスの皇太子がホームレス訪問などを行っていることを考えると示唆的である。もっとも日本でも、戦前には皇族などが、家のない人々に対する慈善活動を行っていた。それがいつ頃からか、日本社会は、ホームレスなどの貧困者との関わり合いをことさら避けるようになった。ホームレスが区役所の前にいても、「わが区にはホームレスなどいない」と言い放った区長が東京にはいたが、多くは見て見ぬふりをする、という態度であろう。

こうした、ホームレスとの関わり合いを避ける社会の態度は、ホームレスの人々の貧困がたんなる貧困でないことを暗示している。ホームレスは、食べるものや寝場所など生活資源が決定的に不足しているだけでなく、社会から、その関わり合いを拒まれているのである。弁当の提供を拒否するコンビニだけでなく、社会のあらゆる制度が彼らを拒み、排除するのである。これが、ホームレスの貧困を社会的排除という観点から見たときの大きな特徴である。これには以下のような三つの局面がある。

第一に、ホームレスの人々には居場所がない。居場所がないので近隣との交際から遠ざけられ、住民登録もできない。住民票の提示や住所の明記が一応の前提となっている公的制度を利用することもできない。

第二に、居場所がなくても生きていくためには、寝ること、食べること、その他の生活行為を道路や公園など公共スペースで行わなければならない。その意味でホームレスの人々は、不法占拠者として、つまりはアウトサイダーとして認識される。

それゆえ第三に、彼らの生存は普通の人々の生活権の主張（公園で楽しみたい、道路を安全に通行したい等々）と対立し、次第に周縁へと追いやられる傾向にある。大きな駅の周辺から近くの公園へ、公園から遠くの河川敷へ、という具合である。

こうして周縁化されたホームレスは、彼ら自身ドロップアウトした青少年による「浮浪者狩り」の格好の標的となって、しばしば痛ましい事件の犠牲者となってきた。

†誰が路上にいるのか——路上ホームレスの特徴

それでは、路上にいるのは一体どのような人々なのであろうか。どのような経緯でホームレスになっているのだろうか。

先にも述べたように欧米諸国の「ニュー・ホームレスネス」の特徴は、若年化、家族化にあるといわれているが、日本の場合は路上ホームレスが出現する社会的背景は同じでも、その内容は少し違っている。

路上生活者として定義される日本のホームレスの最も大きな特徴は、中高年男性に集中している点にある（表9）。

路上ホームレスの5割近くが50歳代に集中し、60歳代で3割前後となっている。年齢だけでなく、学歴や結婚歴からみても路上ホームレスはきわめて特徴的な集団である。6割近くが義務教育までの学歴程度で、未婚率も高い。こうした特徴は、マスメディアなどが好んで流してきた大卒ホワイトカラーの転落ストーリーや、「あなたも明日はホームレス」といったイメージとはだいぶかけ離れている。むしろ現代日本の路上ホームレスは、低学歴で未婚の中高年男性に多いのである。

しかも、こうした路上ホームレスの特徴は、ホームレスが増えだした90年代前半から今日まであまり変化がない。この表9以外でも全国各地でホームレス調査が行われているが、それらの結果をみても大差がない。なお、表9の大阪調査で既婚率が高いのは、主たる調査対象が常設型のホームレスであったためである。

中高年が多い点について私は、90年代初頭のバブル崩壊時に50代であった人たちが、いわば時代の犠牲者となってホームレス化した、と考えたこともあった。が、そうだとすれば、10年後には平均年齢が65歳になっていなければおかしい。しかし、実際にはそうなっ

表９　各調査から見たホームレスの特徴

(%)

		全国調査	東京・路上	大阪調査	国勢調査（男性）
		N=2163	N=710	N=666	
調査実施年		2003	2000	1998	2000
性別	男	95.2	97.7	97.0	
	女	4.8	2.1	3.0	
年齢	15-39歳	4.5	6.7	3.2	47.2
	40-49歳	14.7	19.6	17.1	17.7
	50-59歳	45.4	47.9	45.0	15.9
	60-69歳	35.4	25.4	34.7	29.2
	平均年齢	55.9	54.0	55.8	36.8
学歴	義務教育まで		60.2	62.0	25.2
	高校卒		28.8	32.2	47.8
	それ以上		8.4	5.4	23.1
結婚歴	既婚	53.4	47.1	69.7	87.8
	未婚	46.6	52.9	30.3	4.3

資料：厚生労働省「ホームレスの実態に関する全国調査報告書」2003年
都市生活研究会「平成11年度路上生活者実態調査」2000年　路上レベルのみ掲載
大阪市立大学都市環境問題研究会「野宿生活者（ホームレス）聞き取り調査」2000年

ていない。ということは、いつも50代ぐらいの同じような特徴を持つ人々が、次々と路上に放り出されていると考えねばならない。

　だが、これらの中高年男性がまったく同一の集団かというと、実はそうでもない。私は、ホームレスになる前にどのような職業や住宅を経てきたか（職業歴と居住歴）を手がかりに、こうした路上の人々を分類してみたことがある。使ったデータは２０００年に東京で実施されたホームレス調査の路上レベル、710名分（表9参照）である。

職業歴は、一番長く就いていた職業（最長職）の時点と、路上に出てくる直前の時点で把握してある。表には載せていないが、最長職では4割の人が工場の生産工程や建設などの技能工である。このほか、同じ建設業の非熟練職種である土木作業や雑役、あるいはサービス業などの経験者が多い。サービス業では調理人、飲食店店員の経験者が多い。

野宿直前の仕事としては土木作業・雑役が4割近くを占め、このほか生産工程などの技能工、サービス業などがあがっている。すでに職業なしも7・9%ある。

次に、同じデータを従業上の地位から見てみよう（表10）。最長職では5割以上が常用労働者で、これに経営者、自営業者、自由業者を加えると、6割以上は比較的安定した職業経験を持っていたと考えられる。

マスメディアが強調していた転落ストーリーに当てはまる人も結構多い。だが、学歴などから判断してその多くは、「スーツ・ホームレス」という言葉でイメージされる大企業の労働者ではなく、むしろ中小規模の工場や店に勤めていた人たちだろう。

この調査では、最長職時の社会保険への加入率は73・6%に上り、この点からも最長職においては安定した職業経験を持っていた人が多いことが分かる。むろん、野宿直前には不安定な職への移動がみられ、日雇が44・2%へと増大している。

しかし、表10をよく見ると、野宿直前でも28・1%が常用労働者で、これに経営者・管理職、自営業者、自由業を加えた33・5%が安定した地位にあったことや、先に述べた無職化した人々の存在にも注意を払っておこう。なぜなら、これらの人々は、日雇のような不安定な仕事を経ないでホームレスになった可能性が高いからである。

ホームレスの人々の住居歴について、右の職業歴の最長職の時点と路上に出てくる直前の時点で見ると、次のような特徴を指摘できる（表11）。第一に、持ち家や賃貸住宅などの、いわゆる「普通の住宅」に住んでいた人は最長職時で47・9%、直前時でも32・9%いたということ。つまり全体の3割以上が、「普通の家」を失って路上ホームレスになっている。

第二に、両時点とも「社宅・寮・住み込みなど」の割合がきわめて高いということ。最長職時で42%、直前時でも37・6%がこのような住居に住んでいた。「社宅・寮・住み込みなど」と一口に言ってもその居住水準には幅があろうし、雇用主がその家賃をどの程度負担している

表10　過去の従業上の地位 (%)

	最長職時	野宿直前
1経営者・管理職	1.7	1.1
2自営業者	5.5	3.5
3自由業	0.8	0.8
4常用雇用者	55.9	28.1
5臨時・パート	11.8	16.2
6日雇	21.3	44.2
7その他	0.7	0.9
不明	2.3	5.2
職の2区分		
安　定(1—4)	63.9	33.5
不安定(5—7)	33.1	60.4

資料：平成11年度路上生活者実態調査
各項目とも回答したケースのみ

かもさまざまであろうが、共通しているのは雇用と結びついた住居だということである。そこでこれを総称して「労働宿舎」と呼んでおきたい。

第三に、簡易宿泊所や旅館など、住居と呼ぶには一時的で、おそらくは住民登録が困難な場所に住んでいた人は、「その他」の項目も含めれば最長職時で9・8％、直前には28・5％に達しているということ。

表 11　ホームレスの過去の住宅種類

	最長職時	直前時
住宅種類	（％）	（％）
1 持家	16.2	8.5
2 民間賃貸住宅	29.3	23.4
3 公共賃貸住宅	2.4	1.0
4 社宅・寮・住み込みなど	42.0	37.6
5 簡易宿所（ドヤ）	6.6	15.5
6 旅館、カプセルホテル、サウナ	1.4	7.3
7 その他	1.8	5.7
8 不明	0.3	1.1
住宅２区分	（％）	（％）
普通の住宅（1—3）	47.9	32.9
その他（4—8）	51.8	66.1

資料：表 10 に同じ
各項目とも回答したケースのみ

このようにホームレスといっても、失ったホームは普通の家から、家とは呼べないような住居まで、さまざまであることが分かる。それは日本のホームレスが中高年の男性を中心とする単一集団のように見えて、実は多様であることを示している。

そこで今度は、この住居歴と職業歴のデータを組みあわせて、表12および表13を作ってみた。これらの表では、従業上の地位によって職業を安定、不安定（表13ではこれに加えて無職）に区分し、また住居種類を「普通の住宅」と「その他」（労働宿舎を含む）に区分

表 12　最長職時の職業の安定度と住宅

	普通の住宅	その他	（うち労働宿舎）	合計
職業安定	273	179	(170)	452
	60.4%	39.6%	(37.6%)	100.0%
職業不安定	60	179	(118)	239
	25.1%	74.9%	(49.4%)	100.0%
合計	333	358	(288)	691
	48.2%	51.8%	(41.7%)	100.0%

資料：表 10 に同じ
各項目とも回答したケースのみ

表 13　野宿直前時の職業と住宅の安定度

	普通の住宅	その他	（うち労働宿舎）	合計
職業安定	133	84	(69)	217
	61.3%	38.7%	(31.8%)	100.0%
職業不安定	77	320	(280)	397
	19.4%	80.6%	(71.1%)	100.0%
無職	12	44		56
	21.4%	78.6%		100.0%
合計	222	448	(349)	670
	33.1%	66.9%	(52.1%)	100.0%

資料：表 10 に同じ　不明は除く

して、両者の関係を見ている。

すると、表12の最長職において職業が安定していた人々の6割は「普通の住宅」に住んでおり、不安定な人びとの7割以上が「その他」に住んでいたことが分かる。だが、職業が安定していた人の37・6％は労働宿舎に住んでいたことに注意したい。

表13の直前時では、職業安定者の6割が依然「普通の住宅」に住んでいる一方で、職業不安定や無職になると「その他」が増えている。ただし無職でも21・4％は「普通の住宅」に住んでおり、失業したからといって即ホームレスということには必ずしもならないことがうかがえる。

つまり、路上に出てくる経路としては、直前まで普通住宅で暮らしていて、その家を失ってホームレスになる場合、普通住宅からその他の住宅に移行して、さらにその他の住宅に住む条件さえ失って路上の家に移行する場合、その他の住宅で長く過ごしてきた人々がそこにも居られなくなって路上に来る場合の、少なくとも三つの異なる経路がある、と見ることができる。

†路上ホームレスの3類型

この点をよりはっきりさせるために、この職業歴・住宅歴データを利用して、類似のグループに区分してみた。すると、次のような三つの異なるタイプが見いだされた。

①　最も長く就いていた職（最長職）はいちおう安定した常用職で、社会保険にも加入し、路上直前まで一般の住宅に住んでいた人々が路上ホームレスとなったタイプ。これを安定型と呼んでおこう。

②　安定した最長職をもつ人も多いが、少なくとも路上直前には職場の提供する労働宿舎（寮や住み込み）に単身で住むようになり、そののち路上に出てきたタイプ。これを労働宿舎型と呼ぶ。

③　長い間不安定な職業を転々とし、住宅も不安定であった人々。これを不安定型と呼んでおく。

分類に含まれない少数ケースを除くと、それぞれ、35％、29・7％、35・3％の割合になる。

①の安定型と③の不安定型は、先に述べた社会関係への組み込まれと排除（イン・アンド・アウト）のプロセスから考えると、対極にあることが分かる。

①は、社会関係にしっかり組み込まれて普通の生活をしていた人が、路上に「アウト」

表 14　ホームレスの３類型と特徴

	安定型	労働宿舎型	不安定型
結婚			
既婚	56.8%	47.5%	36.7%
未婚	43.2%	52.5%	63.3%
学歴			
義務教育まで	52.3%	62.2%	74.9%
それ以上	47.7%	37.8%	24.7%
野宿期間			
1 年未満	39.7%	27.3%	29.2%
1—5 年	41.9%	42.9%	40.0%
5 年以上	18.4%	29.8%	30.8%

資料：表 10 に同じ

されたケースである。その反対に③は、路上に出てくる前から社会関係への組み込まれが弱く、「アウト」されていたケースである。路上生活は、そうした社会的排除がはっきり目に見える形になったにすぎない。

この三つのタイプと他の項目との組み合わせを表14で見ると、このことはよりはっきりする。①の安定型は結婚を経験し、教育程度も高い人が相対的に多く、③の不安定型は結婚を経験せず、教育程度もそう高くない人が多い。

①で多いのは、中高卒でともかく社会保険があるような常用雇用や自営業を経験し、結婚もできた人々である。もちろん、大卒ホワイトカラーはきわめて少ない。③は日雇労働者型といってよく、仕事がなくなったり、病気や年齢等の理由で働けなくなり、簡易宿泊所などにも泊まれなくなった単身男性がその典型である。

実際、③のタイプは、建設産業に従事していた人や、「寄せ場」で仕事を探した経験のある人が多い。これらの人々にとって路上生活は必ずしも特別なことではなく、仕事がいつもより長く途絶えれば野宿が当たり前になるような、不安定な日常生活の一コマにすぎない。その意味でこれは、「ニュー・ホームレス」というよりは旧来型のホームレスといえるかもしれない。

表14の野宿期間を見れば分かるように、タイプ③は野宿期間が長い。表には載せていないが、年齢も他の二つのタイプよりやや上である。これらを勘案すると、バブル崩壊後に真っ先に路上に放り出されたのがこのタイプ③で、その少し後から、二極化社会の進行に伴って路上に「アウト」された「ニュー・ホームレス」がタイプ①だといえるかもしれない。

†労働宿舎型の「発見」

以上のタイプ①と③はある程度予想していたが、②の労働宿舎型がその中間に存在していたことは、私にとって新しい発見であった。②に当てはまる人の多くは、いちおう常用雇用で熟練技能や職業資格を持っている。ただし、その多くは単身者で、地域生活を営むことが少なく、職場が提供する宿舎で暮らしていたようなタイプである。③のように路上に来る前から「アウト」されているわけではないが、社会との結びつきは労働生活を通じてのものに限定されがちで、その他の結びつきは薄いという特徴を持つ。

ここでいう労働宿舎には、労働基準法によって寄宿舎と定義されるような「事業に附属する」宿舎から、アパートやマンションの借り上げまで幅広く含まれている。実は労働基準法では「事業に附属」するものと福利厚生的なものを区別し、前者のみを寄宿舎としている。おそらくそれは、労働者を作業場の近くに集めておく必要から設置されるものとそうでないものを仕分けしておきたいという、事業者の都合に合わせたからだろう。

実際には事業者の都合と労働者の都合が絡み合って、どちらともいえないような宿舎付きの仕事が、今もある程度残っている。といっても、鉱山や工場、建設現場などの労働宿舎や個人商店などの住み込みはさすがに少なくなっているだろうし、バブル崩壊直後には大企業の福利厚生費の見直しを受けて、社宅や独身寮の多くが閉鎖された。だが、旅館や飲食店、パチンコその他の遊戯施設や新聞販売所、警備会社といったサービス業分野には依然こうした宿舎がある。

スポーツ新聞の求人欄や就職雑誌を見ると、「個室寮TV・冷暖房・寝具」(パチンコ店)、「寮即入可」(警備会社)、「借上形式個室寮即入」(タクシー会社)、「マンション引っ越し無料で即入可」(新聞配達)など、何らかの宿舎付きを謳った求人を多数見つけることができる。これらの労働宿舎について詳しい調査があるわけではないが、最近注目されている派遣労働や請負労働とも関連して、もしかしたら増えているかもしれない。

いずれにしても労働宿舎の多くは、家族生活や地域生活を営むことが前提となっておらず、単身労働者の仮住まいの範囲を超えない。だからそれは、住民としての帰属意識や近隣関係を紡いでいくための基盤にはなりえない。

中川清氏がその生活論で分析しているように、そもそも「ホーム」とは人々が働き、地域で暮らし、家庭生活を営む上で、いつもそこから出かけて、そこに帰ってくるような「私生活」の基点を意味している。その意味では労働宿舎は「ホーム」とはなりえない。

もちろん、長い労働人生のある時期に、こうした宿舎を経験するのは悪いことではない。就職したての独身寮などはその典型である。だが、中高年になってからも宿舎を転々とする生活を長く続けることは、「私生活」の基盤をしっかり確保し、さまざまなチャンネルから社会と関わる契機を失わせてしまう。それだけではない。仕事を失うことは即、住居を失い、社会との関係をも失うことになりかねない。その意味で労働宿舎は、日本の路上ホームレスの重要なルートの一つとなっている。

今日、クローズアップされている若いワーキングプアが、未婚のまま、こうした労働宿舎で働く傾向が強まるなら、このルートから「ニュー・ホームレス」が大量に生まれてくる可能性もある。

†隠されたホームレス

日本の路上ホームレスが、なぜ50代に集中しているのか、未婚でいることや学歴の低いことがなぜ排除や貧困に結びつくのかについては改めて後の章で取り上げるとして、ここでは社会的排除の隠された形態について、若干補足しておきたい。いま述べた労働宿舎が一つの例だが、それ以外にも「ホーム」とはいえないような建物で生活をしている人々がいる。

ホームレス状態の貧困は、路上にさらけ出されることによって、人々の目にとまる。だが、ともかくも屋根のある建物で暮らしている場合、そこでの貧困は隠されてしまいがちである。だから、欧米で「ニュー・ホームレス」が問題になったときには、路上ホームレスだけでなく、「隠された」ホームレスの存在が議論の対象になった。狭いアパートにぎゅう詰めの状態で数家族で暮らす貧困な移民層のほか、何らかの事情があって親類や友人宅に身を寄せている母子などが、「隠された」ホームレスの例として挙げられている。

すでに述べたように路上生活とか野宿といっても、その路上と「行き来」のある寮や簡易宿泊所、施設など、ホームレスを「隠す」さまざまな「装置」があった。ホームレスの数を調査するにしても、路上にいればホームレスだが、日雇い仕事で工場の寮に二、三日泊まっていればもうホームレスとは見なされない。

日本でも、こうした「隠された」ホームレスまで視野に入れれば、女性や家族、若者の貧困や社会的排除がもっと広範に存在していることが見いだされるかもしれない。社会的入院といわれるような高齢者や障害者の長期にわたる病院や施設での生活、一時利用の福祉施設を転々とするシングルマザー、労働宿舎とカプセルホテルの間を行き来する若者などもまた、多くの場合、「隠された」ホームレスといえよう。ただ、その実態は、残念ながらまだほとんど分かっていないのである。

いま試みに、こうした「ホーム」とはいえないところで生活している人々を数えてみよう。調査時に日本に居住するすべての人々を対象とする国勢調査でさえも、こうした意味でのホームレスを十分把握しているとは言い難いが、それでもいくつか、これを示唆するような人々を数え上げている。

一つの手がかりは「一般世帯」に含まれる、会社の独身寮にいる人である。2005年の調査結果では約75万人がこれにあたり、このうち若い人を除いて35歳以上に限定すると、約54万人。さらに「一般世帯」の中で住み込みの雇人は2・6万人、雇人でもなければ親族でもない同居人は約35万人、「間借りや下宿」の単身者は約33万人となる。

次の手がかりは、「施設等世帯」に含まれる人の数である。「施設等世帯」とは学生寮や病院、社会施設などを指し、路上ホームレスもここに入る。そのうち34歳までの若い人を除くと、男性で約32万人、女性で約46万人である。65歳以上の高齢者を除くと、男性で約15万人、女性で約5万人となる。

最後の手がかりは、「住宅以外に住む一般世帯」である。住宅以外とは寮や病院、旅館や工場、事業所など住宅ではない建物を指す。ここに含まれる世帯の人数は103万人、うち単身者は82万人である。

以上から、大ざっぱにいって、「一般世帯」に含まれる100万人前後の人が、さらに「施設等世帯」でも80万人弱の人が「ホーム」とはいえない場所で暮らしていると推測できる。むろん、そのすべてが貧困や排除と結びついているわけではないだろうが、中には路上ホームレスと似た貧困に陥っていたり、社会から排除されたりしている人が確実にいるはずである。

5章 不利な人々

†貧困の要因

貧困は、さまざまな要因によって生まれる。先に述べた貧困の「発見」や「再発見」のなかで、貧困の主たる要因として確認されてきたのは、次の二つである。

一つは失業や就業条件の悪化など、経済構造から生み出された要因である。それらが人々の収入を途絶えさせたり、低下させたりすることが貧困に結びつく。今日のワーキングプア問題の根底にも、こうした経済構造の変化がある。

もう一つは、子どもの養育などによる生活費の増加や、定年退職による収入の減少など、生きていく上で多くの人が遭遇する生活の変化が貧困を生む、というものである。

これらはいわば予測可能で、決まった一定の型で捉えることができる。したがって、その出現をあらかじめ予測して貧困を予防しようとする雇用保険や年金保険、児童手当などの社会保障が、多くの国で制度化されてきた。

しかし貧困は、こうした予測可能な要因だけから生み出されるのではない。最近ではカード破産など多重債務の問題もある。この問題は通常の貧困調査では把握されにくく、返済によって実質的な生活水準がどれだけ落ちるのかもよく分かっていない。しかし、ここからホームレス状態の貧困が生まれていることは、先にも見たとおりである。

また、長期にわたる病気や事故によって働けなくなったり、多額の治療費で生活が苦しくなることもある。アルコール依存など、一見個人的な出来事が貧困に結びつくこともある。他人の保証人になって失敗した人、詐欺にあった人、ギャンブルでの失敗、DVや家族関係の悪化からの家出等々、貧困はさまざまな要素と結びついて生まれてくる。

このように貧困と結びつく要因や出来事は多様なので、貧困は予防できるように見えるが予防しにくい面がある。生活保護のような事後的な救済策が必要なのはそのためである。

ところで、こうした貧困要因を抱えていても、実際に貧困になる世帯とそうならない世帯がある。もちろん多くの勤労者世帯にとって、失業や経済環境の悪化は貧困の主因である。しかしだからといって、リストラによって誰もがすぐ貧困になるわけではない。

ワーキングプアやホームレスが社会問題になると、マスメディアは「誰でもワーキングプアになる危険がある」などと騒ぎ立てるが、もちろん事実はそうではない。

すでに本書で見てきたように、現代日本で貧困に陥る可能性が高いのは「特定の人々」である。たとえば社会的排除を伴う極貧としてのホームレスは、決してあらゆる社会集団から生まれているのではなく、ある特定の社会集団との結びつきが強い。

しかも、路上ホームレスの3類型（129ページ参照）のうち、②労働宿舎型と③不安定型の場合、仕事がなくなったり、病気になっただけで簡単にホームレスになっている。

しかし、①安定型では倒産や失業に加え借金やアルコール依存など複数の問題が絡まり合わないと、ホームレスのような貧困には至らない。

女性の貧困経験の調査でも、貧困ラインよりもいつも上の方にいる安定層、貧困ラインを上下している一時貧困層、貧困ラインをいつも下回っている固定貧困層があるということ、貧困ラインをはさんでその上には安定層が、下側には一時貧困と固定貧困のリスクを抱えた人々が位置づけられ、それぞれかなり異なった社会集団として存在していることが明らかであった。

つまり、貧困や社会的排除に陥る危険性は、誰にでも平等に分け与えられているわけではないのである。誰もが人生行路の中で一度は貧困を経験するけれども最後はハッピーエンド、となれば問題はない。だが現実の人生は、それよりはるかに不公平である。ちょっとした出来事でも簡単に貧困に陥ってしまう「不利な人々」が存在する一方で、常に豊かな人々もいる。

いわゆる「格差社会」は、そこそこ豊かであった「中流」層の生活基盤を不安定にしているが、だからといって中流層に属する人が一律に貧困化しているわけではない。「格差社会」の進行やその背後にある経済社会の大きな変化が、むしろある特定の「不利な人々」を、真っ先に「貧困という名のバス」に閉じこめてしまい、そこから出られなくしていることに目を向ける必要がある。

もちろん、ここでいう「特定の人々」とは、それらの人々の個人的な資質を指すのではない。「特定の人々」とは、以下に述べるような「状況」を共通して抱える人々であり、現代日本では、こうした相似た「状況」が、人を貧困へと落とし込む「装置」と化してしまっているのである。

それでは「不利な人々」とは、どのような「状況」を抱えた人々なのだろうか。ここではまず、貧困と結びつきやすいリスク要因や路上ホームレスの類型などから、共通する「状況」とは何かを整理してみよう。

†「成熟学歴社会」と低学歴

その一つは、低学歴である。むろんそれは相対的なものであり、時代や社会によっても異なる。今日ではそれは中学までの義務教育のレベルだけでなく、場合によっては高校まで含まれる。

こうした言い方は、しばしば差別的な響きをもっていると受け止められ、あまり好まれない。特に私のような大学の教師が使うと、お前は中卒より「偉い」と思っているのだろうと必ず攻撃される。

念のため断っておくが、ここでは「偉い」かどうかではなく、貧困とのかかわりで、低学歴であるということが今日の社会において「不利」な状況と結びつくことを問題にしている。建前上は、義務教育レベルで立派に社会に出ていけるわけだが、ここではそうした一般的な意味での学歴を問おうとしているのではない。

実際、中学校卒でも経済的に成功している人は少なくない。だが学歴は、経営者から見れば人的資本（ヒューマン・キャピタル）であり、多くの資本が投下された人（学歴の高い人）ほど就業機会も労働条件もよいという事実もある。

それゆえ戦後日本の学歴志向は一貫して高く、中卒者のほとんどが高校進学を、高卒者のほぼ半分が大学進学を果たすという、高学歴社会を形作ってきたのである。高校進学率や大学進学率を見ると、現代日本ではすでに高学歴が達成されたかに見える。

ところが近年の格差論議において学歴格差は、学力や学校間格差とともに再びクローズアップされている。すでに高学歴社会が達成されているのに、なぜ、今になって再び学歴格差なのだろうか？

計量社会学者の吉川徹氏は、より高い学歴をめざす高学歴化の段階はもはや終わり、大学進学率も高校進学率もこれ以上伸びない「成熟学歴社会」に突入したからこそ、大学卒業と非大学卒業の学歴識別が、あたかも男女の区別のような社会的地位の格差を示す境界になってきており、この大卒／非大卒の境界線こそが社会の二極化を進めているのだと断言し、現代の学歴格差の意味を読み解いている。

また、単に学歴だけでなく、どの学校を卒業したか、成績がどうであったかによって、さらに細かな格差が生まれ、ここからニートと呼ばれるような若年無業者やフリーター問題が生じているという指摘もある。

このように現代日本で、あらためて学歴格差がクローズアップされるのは、今日の社会に次のような変化があるからだ。

その一つは、先にも述べたポスト工業化とグローバリゼーションの進展による経済社会の変化である。ポスト工業社会では、高度な知識や技術を要する金融や情報などのサービス労働と、マクドナルド・プロレタリアートなどと呼ばれる熟練を要しないサービス労働とに二分化する傾向にあることはすでに述べた。今や、人的資本の投下量＝学歴は、人々がそのどちらに振り分けられるかを決定する大きな要因となっている。

二つには、中卒者が「金の卵」と呼ばれた時代には、学校から職場への移行がスムーズに行われ、企業に採用されてからはそこでスキルを身につけていくという日本的慣行があったが、近年になってそれが揺らぎだしたということがある。企業は即戦力になる人材を求めるようになり、とりわけマクドナルド・プロレタリアート型の労働者の場合、短期雇用で使い捨てにされる傾向が強まっている。

三つ目は、多様な技能や経験を基礎にした自営業・小経営分野の衰退がある。こうした分野は学歴とはあまり関係がなく、人々が技術を磨くことで安定した職業生活が送れるような場を提供していたが、その道が閉ざされてきているのである。

こうした変化の中で日本は、学歴格差がよりいっそう重要な意味を持つような社会になってきたのである。

ところで学歴格差の議論では、大卒に対する高卒、よい高校や大学に対するそうでない高校や大学が問題視されており、義務教育卒や高校中退者にはあまり関心が払われていない。その規模でいえば、まさに高卒者と大卒者の二極分化が生じているのだから、格差論としては当然といえよう。

だが、これを貧困という角度から取り上げるなら、中卒者や未就学者、高校中退者の存在はまだ無視できない。本書で扱っている貧困の経験にせよホームレスにせよ、そのリスクは義務教育程度の学歴と強く結びついているからである。

ホームレスの多くは団塊世代とその前後に相当するので、その影響もあるかもしれないが、それにしてもその半数強が中卒（未就学、高校中退も含む）である。とくに不安定型に分類されたホームレスの7割以上が義務教育ないし未就学である。

若年女性の場合、中卒も高卒も貧困との結びつきが強いが、今のところ前者の方がはるかに強い。つまり、高学歴社会だからこそ大卒／非大卒への二極化が進んでいるといわれるのだが、非大卒と括られた人々の中でもとくに高卒でない人々が、貧困と社会的排除にさらされる危険性が高いのである。しかも、そうして貧困化した場合、そこから抜け出すのが難しくなっている。

２０００年の国勢調査では、24—64歳の労働力人口中、中卒および未就学の労働力人口は男女あわせて８２７万人、約15％存在している。この２０００年時点で、団塊世代にほぼ該当する50—54歳層の労働力人口中、中卒者の比率は約21％、それが40—44歳層では10％を割り込み、団塊ジュニアの30—34歳層になると約６％にまで縮小している。

このように中卒者は減少しているのだが、失業者に占める中卒者の比率は高い。25—64歳までの完全失業人口のうち中卒・未就学者の割合は22％である。大卒／非大卒時代の「忘れられた」中卒者の「不利」な状況を示す一つの証拠である。

労働政策研究・研修機構（ＪＩＬＰＴ）が２００１年と06年の２回にわたって実施した若者のワークスタイル調査でも、中卒・高校中退者に比べて大卒者では正社員比率が50％以上も高く、逆に前者では無職で何もしていない、いわゆるニート比率が高いことが示されている。

†結婚しない、ということ

学歴は、中卒時の15歳、あるいは高卒時の18歳の時点で、人生の「不利」「有利」を決定づけていくが、結婚と就業の経験もまた、その後の人生の「不利」「有利」と関連する「状況」を作り出していく。ここで問題となるのは、戦後社会で「標準」とされてきた就業や結婚のあり方から外れた経験を持つ人々に「不利」が押し付けられていることである。

たとえば結婚しないという生き方は、バブル期あたりから「多様な生き方」の一つとして称揚されてきた、自由な選択であるように見える。「独身貴族」などと呼んで、うらやんだ時期もあった。実際それは、本来は貧困とは全く関係のない人生の選択である。だが、これまで見てきたように、「未婚継続」と貧困には強い結びつきがある。なぜ、結婚しないことが貧困と結びつくのだろうか？

これについては二つの解釈が可能である。一つは、もともと貧困だから結婚できない、つまり貧困が未婚継続という「状況」を作り出すという解釈、もう一つは、未婚のまま親元から独立するとかえってお金がかかってしまい、貧しくなるという解釈である。

後者については、この後で検討することにし、ここでは前者の解釈を考えてみたい。未婚継続者には独身貴族といった「豊か」なイメージがあるため、結婚したいのに貧困のためにできない人がいるということは、なかなか理解しにくいかもしれない。しかし、ホームレス調査では「不安定層」で特に未婚率が高く、貧しくて結婚できない人が現在でも存在していることを裏付けている。

1章で紹介したキヨシさんも「結婚できるとは思っていない」と語っていたが、ずっと日雇で働いてきたホームレスの人も、「自分一人で生きていくのに精一杯で、結婚できるなんて思ったことはなかった」と私のインタビューに答えている。戦前のスラム調査などでは、貧困が家族形成を妨げるという事実がよく知られていたが、豊かになった戦後社会においても、貧困によって結婚できなかったと告げる人がいるのである。

貧困と未婚継続の関係については、次のような興味深い指摘がある。労働政策研究・研修機構が、就業構造基本調査の再集計データで分析したところ、男性の年収と既婚率には明らかな関係があったという。

たとえば20代男性は年収500万円を超えると、30代男性は年収300万円を超えると、既婚率が50%を超える。つまり近年の晩婚化・非婚化は、結婚したくない男性が増えたために生じたというよりは、フリーターや無業者が増える中で、結婚したくてもできない人が増えたために生じたと言えるのではないだろうか。

これまで見てきたように、未婚でいることは、女性の貧困継続においても重要なファクターであった。貧困が、さまざまな「出会い」を奪っていくということが考えられる。

†離婚と貧困

離婚はどうであろうか。これについても、貧困が離婚という「状況」をより多く作り出す面と、離婚という「状況」が貧困を招くという面の二つが考えられる。先に紹介した女性のパネル調査データで離婚の原因を分析した福田節也氏は、低学歴の妻と、非正規雇用もしくは無職の夫という組み合わせで離婚が多いとの結果を示している。このことからも、貧困が離婚を生み出す要因の一つであることが分かる。

しかし、離婚に関してはむしろ、それが貧困をもたらす側面の方が問題である。特に離婚によって、一部は未婚のままで子どもを育てなければならないシングルマザーが貧困に陥りやすいという点には注意が必要である。

離婚した女性が貧困に結びつく主たる理由は、子育て期以降の女性の、労働市場における地位の低さにある。この時期の女性に一般的であるパート就労による収入は、家計を助けたり、小遣い稼ぎをするためならまだしも、自分一人で子どもを養わなくてはならない女性にとっては当然、不十分である。

先述のパネル調査を使った坂口尚文氏の分析によれば、子どものいる人で離婚した場合、所得の減った人が68％、所得が半分以下になった人が32％である。雇用主の中には、一人で子育てをしている女性は子どもの病気等で休みがちだから、「使い物にならない」と考えている人もいる。離婚やシングルマザーに対するこうした偏見はまだまだ根強い。

ＮＰＯ法人「しんぐるまざーず・ふぉーらむ」が２００２年に行った実態調査では、求職中に問題になったこととして「子どもが小さいことが問題にされた」「年齢制限があった」などが挙げられた。「母子家庭であることが問題にされた」と答えた人は39％にも上る。ある女性などは、この調査の自由記入欄に、職安の窓口で「母子家庭であるだけで敬遠されることもあります」と言われた経験を書きつけていた。「格差社会」における労働市場の競争激化は、自分一人で子どもを育てなければならないシングルマザーにとって「不利」に働く。離婚を「バツイチ」と笑って語れるようになっても、雇用に関しては壁が高くなる一方である。さらにシングルマザーには、子どもの養育費の重圧がかかる。しかも、シングルマザーの多くは離婚を機に賃貸住宅で暮らすようになるから、住居費も負担しなければならない。

２００２年に厚生労働省が実施した全国母子世帯等調査を見ると、母子世帯の9割が離婚や未婚の母などで、その8割以上が就労している。このように高い就労率にもかかわらず、年間の平均収入額（平均世帯人員3・36人）は２１２万円と低い。

就業している母が「常用」の場合でも、平均就労収入は252万円、「臨時・パート」では110万円にすぎない。「常用」の約4割が200万円未満、「臨時・パート」の5割近くが100万円未満という低さである。持ち家率は全体で15％強でしかない。

以上のように離婚は女性の貧困にさまざまな影響を与えることが分かっているが、男性の場合についてはよく分かっていない。せいぜい養育費を払わない男性が少なくないとか、父子世帯の問題として取り上げられるかの、どちらかであろう。しかし、先のホームレス調査では、結婚経験があってもそのほとんどが離婚している。

特に「安定型」からホームレスに至った人の場合、離婚経験者の割合が高い。彼らの多くはまず倒産や失業などの経済的な問題を抱える。これに加えて病気やアルコール依存、借金などの問題が絡まりあった末に離婚が生じている。したがって離婚の経験が、男性の貧困を加速させている可能性は高い。

さらに重要なことは、家族との離別＝ひとりぼっちになるという経験と、路上生活のような貧困とは何らかの関係があるように見えるということだ。妻子に逃げられた人、妻からボストンバッグを渡されて玄関のドアから押し出された人など、さまざまな離別体験をもつホームレスの人たちは一様に自分の非を語り、家族への思いを語るが、と同時に家族をやり直すことはもう無理だとどこかで悟っている。そのことは彼らから希望を奪い、路上生活から抜け出すのを難しくしているように見える。

†離職・転職と貧困

今度は、転職や離職など就業変動の「状況」と貧困の結びつきに目を転じてみよう。近年では、終身雇用制の下で、同じ職場でずっと働き続けるという就労イメージが、何度でも職を替えながらキャリアアップしていくというイメージに取って代わられつつある。その場合、転職をする度に給与が上がっていくということが暗に想定されている。しかし、本当にそうだろうか。実はここでも、貧困との結びつきが隠されている。今のところ、同じ職場で働きつづけることと安定層とは関連があり、離職や転職の経験が貧困と結びついていることが分かっている。

その理由の一つは、収入の低い非正規雇用者ほど職を転々とせざるを得ないということがある。というのも非正規雇用の場合、雇用契約期間が短く、期限が来ればまた別の仕事を探さなくてはならない。雇用期間中であっても、労働条件が劣悪なため、次々と他の仕事を探すということがある。

非正規雇用でなくても、小規模企業などで低賃金で働く人に転職者が多いという事実もある。先のパネル調査のデータを使って転職する人の賃金変化を分析した樋口美雄氏によれば、継続就業者に比べると転職者は学歴が相対的に低い。しかも、小規模企業に勤める人や、同じ企業でも高い業績評価を受けていない人が多い。そういう人が、より高い賃金を求めて転職していると樋口氏は指摘している。

その場合、転職後の賃金は転職前のそれと比べて平均すれば上昇しているが、もちろん個人間のバラツキは大きい。樋口氏によれば、そもそも元の賃金が低いため、継続就業者と比べると、時間当たりの賃金率は依然低いという。

厚生労働省が2000年に行った転職者総合調査においても、30人未満の小企業から小企業への転職が最も多く、その場合、賃金が上がったのは3割、逆に下がったのは4割である。離職時に雇用保険の失業手当を受給しなかった人が7割を超えていることも、この調査から分かる。

先に日本のホームレスは50代に集中していると述べたが、この年代は、非正規雇用者や低賃金就業者が転職を試みてもそれがうまくいかなくなる時期でもあると考えられる。それまでは労働宿舎付きの職場を転々としてきた人が、もう転職さえできなくなって、路上に押し出されてくる年代なのである。フリーターとは厚生労働省の定義によれば15―34歳となっているが、それ以降もアルバイトや日雇い労働などを続けていけば、やはり40代後半から50代で転職が難しくなってくるのではないだろうか。

†貧困への「抵抗力」

貧困が論じられるときにはさしあたり、その時々の収入や消費水準（フロー）が生活の必要を満たしていないことが問題視される。だが多くの人々は、住宅などの不動産や貯金、保険といった資産（ストック）を形成している。それらは、より豊かな生活のために購入されるだけでなく病気や老後、あるいはさまざまな貧困要因に対する「不時の備え」として意識されているはずだ。

なんらかの貧困の要因があっても、誰もがすぐさま貧困に陥らないのは、その大きさの多少はあれ、こうした「備え」があるからだ。「抵抗力」の強い体が病気を寄せ付けないように、人々の「備え」の大きさは、いわば貧困への「抵抗力」として、人々の生活を守る役割を果たす。

先のパネルデータで、さまざまな人生のリスクへの対処方法を分析したチャールズ・ホリオカ氏は、貯金の取り崩しによって対応した人が群を抜いて多いことを指摘している。

家族も資産と同様、貧困への「抵抗力」としての役割を果たすことがある。子どもの養育費が貧困の一因となる一方で、家計を家族みなで支えることで収入を増やし、あるいは支出を節約することができる。仕送りや資産贈与、相続などによって、家計を別にする家族同士が助け合うことも少なくない。「不利な人々」はこのような「抵抗力」をもたない。資産もなければ、支え合える家族もいない。つまり、その「抵抗力」が弱いために、「不利」なのだともいえる。

女性の貧困経験の分析でも、貯蓄が最も多いのは安定層で、一時貧困、固定貧困の順に低くなっている。すでに指摘したように固定貧困層では持ち家所有率も低い。近年、日本の高い預貯金率が低下しつつあると指摘されるようになった。貯蓄ゼロ世帯が23・8%にも上ったとの報告もある（金融広報中央委員会2003）。この調査によれば年収なしと答えた世帯の47・1%で、また年収300万未満の世帯の42・1%で、貯蓄ゼロであったという。

持ち家所有率も、年収の多い世帯で高く、少ない世帯で低い。2003年の土地・住宅基本調査によれば、普通世帯（家族などと暮らしている世帯）平均の持ち家率は約6割、年収200万未満では4割強であるのに対し、年収1500―2000万円層では9割と、だいぶ開きがある。最近は持ち家よりも借家の方が有利だなどとも言われるが、調査を見る限り、そうした逆転現象は起きていない。

住宅を持っているかどうかと預貯金の関係はどうだろうか。これについては、向老期（55―64歳）の女性の資産について私たちが行った最近の調査が参考になる（表15）。

この表では、向老期になった現在において賃貸住宅に住んでいるケース、ずっと一貫し

表 15　向老期女性(55-64 歳)の住宅経験と本人貯金額 (%)

本人の預貯金額	現在賃貸居住	一貫賃貸居住	持家 3 戸以上
なし	23.0	32.5	14.3
100 万円未満	19.9	27.5	14.3
100-300 万円未満	24.0	25.0	35.7
300-500 万円未満	8.4	5.0	7.1
500 万円以上	12.6	5.0	28.5
無回答	12.5	5.0	0.0
合計	100.0	100.0	100.0

資料：女性の「生活基盤」の形成・変動と福祉課題（科学研究費補助基盤研究B 報告書 2006 年）

て賃貸住宅に住み続けてきたケース、持ち家を３戸以上もっているケースに分けて、その割合をそれぞれ預貯金額別に見ている。どのケースでも本人名義の預貯金をもたない人が目につくが、とりわけその割合が高いのが「一貫賃貸居住」ケースと「現在賃貸居住」ケースである。両ケースにおいては、預貯金があっても１００万円未満の人が少なくない。逆に持ち家３戸以上のケースでは、５００万円以上の人が３割近くいる。表にはないが、これを学歴別に見ると、中卒の割合が高かったのが一貫賃貸居住ケースで、最も大卒の割合が高かったのは持ち家３戸以上のケースであった。

表からは離れるが、高齢者で無職の場合、当然のことながら収入は低い。しかし持ち家率や預貯金額は高い傾向にある。むろん貯蓄は低収入を補う役割を果たしているので、多くの場合それは取り崩されていく。2004年の全国消費実態調査で、無職の高齢者夫婦世帯と単身世帯についてその家計収支を見てみると、消費支出は平均して収入を上回り、預貯金を取り崩している。中には、貯金額150万円未満（平均70万円）という高齢者夫婦世帯も約5％存在し、こうした世帯では持ち家率も平均より低い。

貧困の「抵抗力」としての家族の役割を考えるとき、視野に入ってこざるを得ないのが単身世帯の「不利」な状況である。一人で暮らすより二人で暮らす方が家計の節約になるとか、二人で働けば収入が増えるということは言うまでもない。バブルが崩壊してリストラが増加する中で、妻が再び仕事をするようになった世帯も少なくないだろう。

また、都市部で特に高額となる家賃も、家族で暮らせば1人当たりの負担率は小さくなる。公共料金も節約できるし、家族を対象とする所得税控除も見逃せない。一定の年齢になれば子どもが親元から独立するのが普通だといわれるヨーロッパでも、不況になると子どもが実家に戻ってくることがあるという。これなども、家族による家計の節約例ということになろう。こうしてみると単身世帯は本来、経済的な豊かさがないと成立し得ないものなのかもしれない。

ところが実際には、これまで見てきたように、貧困が結婚を難しくし、離婚をもたらす。離死別によって単身生活を余儀なくされると、経済的にも困窮しやすくなる。貧困な単身者は、割高な住宅費を負担しなければならないため、他の生活費を切りつめることになる。あるいは、職場の寮や簡易宿泊所などを選ぶことになるかもしれない。

夫が亡くなっただけで、生活保護を受給するようになった高齢の女性がいた。少ない年金収入でも二人合わせれば何とか生活できたが、一人になってからは生活できなくなったのである。働ける人であれば、自ら進んで寮付きの仕事を求めるかもしれない。4章で述べた労働宿舎型である。家族のいない高齢者や障害のある人々は、病院や施設を転々とする生活を長く強いられる可能性もある。

もちろん単身世帯であっても、家族の援助を受けられる場合は別である。仕送りなどによって生活費の一部を負担してもらったり、資産の贈与や相続によって、優雅な生活を送れるようになるかもしれない。

そもそも資産や学歴などは、親から子へと〝贈与〟されるものだともいえる。貧困経験のパネル調査によれば、高学歴層が安定した収入と資産を持っているのは、実家の経済力によるところが大きいことが分かっている。

こうした点からも、家族と同居できない人や、家族からの援助が期待できない人は、貧困に対する「抵抗力」が弱いことが分かる。1章で紹介したキヨシさんの例を考えてみればよい。キヨシさんは、生活保護受給世帯であった実家からはじきだされるようにして、住み込みの仕事に就いている。しかも、わずかな貯金を親に使い込まれている。

ここで家族は貧困への「抵抗力」ではなく、逆に重荷にさえなっている。パラサイトシングルという言葉が流行したことがあるが、親にパラサイト（寄生）できない人々は、貧困の圧力に対して〝裸〟で立ち向かわなければならない。これらの人々は、「貧困という名の乗り合いバス」からなかなか降りられないだけでなく、社会的なさまざまな関係からも「アウト」されやすい状況に身をさらしているのである。

†「状況」は重なり合う

ここまで読んでも読者の中には、未婚のままでいる人や職を転々とする非正規雇用者の中には貧困とは無縁な人もいるということを、身近な経験から指摘したくなる人が少なくないだろう。「格差社会」論でも議論になったニートやフリーターについても、親が月30万も支払って自立塾へ入れるようなケースも少なくないのだから、もちろん誰もが貧困と結びついているわけではない。

非正規雇用者の中には好きこのんでやっている奴も結構いる、という見方を支持する人も少なくないだろう。新聞などマスメディアは、ニートをやりながら株で一発逆転、億万長者になるといった話題を好んで取り上げる。こういう記事を目にすると、いくら統計や事例を積み上げても説得は難しいと感じてしまう。

だが、ここで取り上げた三つの「状況」は、通常考えられているよりは現代日本の貧困と強い関連性をもっている。しかも問題は、この三つの「状況」に一定の結びつきがあり、それが重なり合うような中で暮らし続けねばならない人が存在している、ということである。

低学歴であることは、離転職をくり返さざるを得ない不安定雇用や、資産なし・家族なしという「状況」と直接結びついているし、不安定雇用は未婚のままでいることや離婚と結びついている。さらに、未婚のままでいることや家族との離別は、家族が力を合わせて家計を支えることで貧困を防ぐという営みから遠ざけられることを意味している。現代日本社会ではこれらの「状況」の重なり合いが、「不利な人々」を貧困の中に閉じこめ、社会的な諸関係から排除するような〝装置〟として機能しているのである。

一時的な貧困層やホームレスの安定型と、固定的な貧困層やホームレスの不安定型、労働宿舎型とを比べてみると、学歴や結婚の有無については基本的にあまり変わりがない。しかし前者は後者ほど、不利な「状況」が重なり合っていないため、なんとか貧困ラインの若干上の方に位置しえている。しかし、もしそこに借金やたくさんの子どもの養育、長期入院などが加われば、容易に貧困ラインを下回るような人々だと考えられる。

今日の「格差社会」論の中で「不利な人々」は、非正規雇用に釘付けにされた若年層、もしくは不況期のただ中に社会に出た特定の世代だという見方が広がってきているが、それはやや一面的な見方ではないだろうか。

現代日本の貧困や社会的排除は、そのような特定年齢や世代だけでなく、今述べたような「状況」を複合的に抱えた人々の中に広く見いだされる。学歴としては低学歴で中高年の未婚男性、高齢単身女性、シングルマザー等もまた、現代日本では「不利な人々」である確率が高い。

†貧困は地域に偏在する

貧困は、特定の「不利な人々」に集中するだけでなく、地域による偏りも大きい。生活保護基準を使った先の駒村氏の分析でも、保護基準以下の貧困層の割合は、都道府県によってかなり違いがあった。1999年のデータでは、高い県と低い県では4倍以上の開きがあったという。生活保護の保護率が地域によって異なることはよく知られている。これには各地域の保護行政の「力」の差も影響しているだろうけれども、しかし一連の研究では、その地域の失業率との結びつきが強いといわれている。

都道府県レベルよりも、もう少し細かく見ていくと、たとえば同じ県の中でも、貧困が比較的集中している地域とそうでない地域がある。路上ホームレスの場合も、集中している場所とそうでない場所があって、集中している地域の行政担当者は、どこか別の地域の行政担当者がホームレスを送り込んでいるのではないかと疑いを抱くこともある。

こうした、地域による貧困の違いを地図にしたパンフレットをイギリスの地方都市で見つけたことがある。この地図は、タウンゼントの社会的剝奪指標のいくつかを、地方剝奪指標に読み替えて作成されたものだった。具体的には、低所得や失業、低教育や質の悪い住宅、犯罪発生率などの指標を組み合わせてスコアをつくり、その市の地区ごとに剝奪ゼロ（最良地域）と全部剝奪（最悪地域）とに色分けしたものだった。

このパンフレットを編集したのは地理学協会という公共団体で、なんと同じ地図が市のホームページにも堂々と掲載されていたので、ここまでやるかと唸《うな》ったものである。日本にも暮らしやすい県のランキングなどはあるが、最悪地域を明確に地図で示すなどということは、逆立ちしてもできないだろう。

英国でこのようなあからさまなランキングが行えるのは、それが最悪地域への重点政策や優遇策のベースとなるからで、行政側にとってもそこで暮らす人々にとっても実利があるからである。わが市こそ貧困地域だと手を挙げたがる自治体もあると聞く。

そもそもイギリスでは、こうした地域ランクによって市の徴収する税金額が異なってくる。貧困地域に住むと税金は安くなる。このランクでいうと高い方にある地域の大学までタクシーで行った時、その運転手は「貧困」と「剥奪」という言葉を使いながら、自分の住んでいるところと大学のある地域の環境がいかに異なるかを、緑地面積やら保育所の数やらを挙げて、私に説いて聞かせた。「貧困」や「剥奪」といった言葉が、学会の専門用語としてではなく、実際にそこで暮らす地域の問題を語るための言葉として日常的に使われていることに驚いた。さすがに貧困の「再発見」先進国ならではのことである。

日本はイギリスなどとは違って、貧困による地域区分ははっきりしていない、と言われてきた。金持ちの住んでいるところと貧困な人々が住んでいるところ、日本人の住んでいるところと外国人の住んでいるところの線引きは曖昧で、比較的混在しているという指摘もある。それでも大まかな違いは、やはりある。

それではなぜ、そうした違いがあるのだろうか。

一つには当たり前のことだが、地域によって産業の構成が異なるため、雇用機会の違いも大きいからである。これには各地域の主要産業の衰退や転換といった、長い歴史も反映している。石炭産業でかつて栄えた地域を例にとれば容易に理解できるだろう。

経済学の教えるところによれば、人は、雇用機会も少なく、仕事があったとしても賃金の安い地域にとどまっている必要はない。移動の自由があるのだから、よりよい機会が見込める地域へ移ればいいのである。確かに多くの人々が、よりよい生活を求めて移動している。だが同時に、介護を要する老親を抱えているため移動できない人や、移動したくてもその費用を捻出できずにいる人など、さまざまな理由からその地にとどまる人がいる。

移動できる人々の中でもとりわけ「有利な人々」は、高い学歴やコネを活かして、「有利な窓口」を通して他の地域へ流入（イン）することができる。きちんと保証人を得てアパートを確保することもできる。だが「不利な人々」は、保証人もなしに流入（イン）させてくれるような「低い入り口」を探さなければならない。

「低い入り口」の一つが、先に述べた労働宿舎である（と同時にそれは人を貧困に縛りつける〝装置〟でもあった）。このほか、大都市の木造老朽アパート群や「寄せ場」、簡易宿泊所や繁華街の娯楽施設などが「低い入り口」として機能することがある。「不利な人々」は、大都市のこうした場所に集中しやすいのである。実はホームレスなどの出現にも、こうした「低い入り口」と関係がある。

多くのサービス産業が集中する地域ではサービス業者の寮から押し出された人々が、また老朽アパート群の残っているところではその家賃を滞納した人々が、さらには社会的入院から解放されたものの行き場のない人々が、寮やアパートや病院からそう遠くないところで路上生活を始める。「寄せ場」の近くであれば、なおさらそうである。だが、行政担当者や地域の人々は、ホームレスを遠くからやってきた人々だと捉えたがるのである。

こうした構図の中で、たとえば「寄せ場」については、「不利な人々」をそこに囲い込むよう、行政が側面から援助してきた歴史がある。低所得者向けの公営住宅が、こうした囲い込みと同じような役割を果たすこともある。

こうして地域による違いが大きくなると、貧困者が住むのを、あからさまに嫌がる地域が出てくる。生活保護を受けている人が引っ越しをする場合、管轄の行政区域が変わることがある。これを移管と呼んでいるが、移管によって貧困者を受け入れるのを嫌がる行政がある、という話をしばしば聞く。

逆に、生活保護を受けている母子世帯に対して、別の地域への引っ越しを勧めた生活保護担当者がいて、その理由として、いま住んでいる地域では生活保護を受けている人が少ないので、子どもが学校でいじめられるといけないから、と答えたというのである。

このようにして「不利な人々」が地域社会から排除され、「不利な人々」ばかりが集中する場所へと追い立てられていくとすれば、日本でも貧富による地域の色分けがもっと進むかもしれない。

6章

貧困は貧困だけで終わらない

†豊かさの病理？

貧困であるということは、社会の一員としてそこに参加していくために必要な生活資源を調達するのに十分なお金がないということである。同時にそれは、就業機会やさまざまな社会制度、人々との関係から「アウト」されているということだ。

だが、貧困問題がやっかいなのは、それが貧困だけで終わらないことだ。つまりそれは、多様な社会問題の背景の一つとなることが少なくないのである。そこにこの問題の深刻さがある。

たとえば貧困が病気と深い関係にあることは昔からよく知られている。ラウントリーもその調査報告書の中で、健康と貧困との関係に1章を割き、死亡率や子どもの体位などと貧困との関係を明らかにしている。

また、ある時期までは多くの人々が、貧困を背景として非行や犯罪が生まれてくると考えていた。すでに述べた社会的排除は、貧困が多様な社会関係の問題でもあることを示唆しているし、タウンゼントの社会的剥奪という考えは、貧困が生活様式全般のあり方と関係していることを示していた。

だが、こうした貧困と社会問題の関係が、今日の日本社会で言及されることはほとんどない。むしろ多くの社会問題は、貧困ではなく豊かさの結果として生じていることが強調されている。たとえば、非行は中流家庭の子どもたちに多いとか、病気は貧困に起因するのではなく、むしろ飽食によるメタボリック症候群に基づいている、等々。

多くの社会問題が貧困とは関係なく生じるということが強調され出したのは、もしかすると、これまであまりにも多くの社会問題が、貧困との関係で語られてきたことへの反動かもしれない。だが、今度はその反動で、すべての問題が「豊かな社会」の病理や「心の闇」として語られるようになってしまった観がある。

このため、実は貧困が依然として多くの社会問題と結びつき、その解決を遅らせているということに気づかない。むしろ、貧困と結びつけるような見方に対して、中流層の児童虐待やひきこもりなどの事例を列挙して反論するのが通例である。

むろん「豊かな時代」の社会問題の多くは、多様な要因を背景にして出現する。貧困だけが原因なのではない。中流層にも多くの問題がある。「心の闇」もあるだろう。メタボリック症候群は多数にとって大きな問題である。だが、「豊かな時代」になったからといって、貧困と社会問題の関連がなくなったわけではない。貧困を背景にして生まれた問題や、貧困の中で悪化している問題が現代にもある。

以下でいくつかの社会問題を取り上げ、それと貧困とが関係していることを確認してみたい。

†病気と貧困

まずは病気と貧困の関係である。最近、近藤克則氏が「健康格差」について問題提起をしたこともあって、低所得と疾病との関係が改めて注目されるようになってきた。精神科医の野田正彰氏は、先述のパネル調査のデータを用いて、若年女性の「うつ傾向」が中卒レベルの学歴と強い関係を持っていることを指摘している。近藤氏も野田氏も、一般には「豊かさの病理」を示す「不安」と貧困との関係を示唆している点が興味深い。

もっとも野田氏は、これを「学歴社会の病理」として見ている。だがそれを「学歴社会の犠牲」として考えるよりは、大卒／非大卒に二分化された今日の「成熟学歴社会」において、そこからも排除されてしまった人々の貧困が基礎にあると考えた方が理解しやすいのではないか。また、野田氏の分析によれば「うつ傾向」は、結婚している女性よりも離死別を経験した女性や未婚の女性の方に強く見られるという。先に述べた「不利な人々」の状況と重なり合うものがある。

次に、ホームレスの人々の病気について取り上げてみたい。欧米では医学領域の研究者がホームレスの問題に関心をもつようになっているが、どういうわけか日本ではまだそういう動きはない。こうした中で、ホームレスとその予備軍の健康問題を医学的観点から分析した数少ない業績のひとつに、新宿保健所所長であった中西好子氏の分析がある。

先に私は、「ホームレスには糖尿病が多いのだから、貧困ではない」と断言した研究者の話を紹介した。この研究者の頭の中には、糖尿病イコール贅沢病という図式ができあがっている。一般的に言えば生活習慣病は豊かな時代の産物であろうから、そうした図式はまったくの誤りとは言えない。しかしホームレスは、その日の食べ物、飲み物、寝場所を探し求め、拾ったモノを生活に利用し、雑誌拾いや空き缶拾いなどで得たわずかな収入で暮らしている、極貧にあえぐ人たちである。

中西氏は、次の二つのデータ分析から、ホームレスの人々の間には、貧困の時代の病とされた結核と豊かな時代の病である糖尿病などの生活習慣病の双方が矛盾なく見られることを解明している。中西氏が用いたデータの一つは、1992年から97年までの都内5カ所の男子更生施設（生活保護法による施設）の4217名の診療記録であり、もう一つは、1995年と翌年にホームレスの冬期臨時施設で行われた2006名の結核検診結果である。

当時、東京の更生施設の約半分は路上生活者にも対応しており、ホームレスの臨時施設から更生施設に移る人も少なくなかった（現在、臨時施設は自立支援法の下で通年型のシェルターおよび自立支援センターに替わっている）。

中西氏によれば、95年と96年を合わせて臨時施設で活動型結核と診断されたのが8・5%、同じく不活動型結核と診断されたのが3・8%、治癒したものと診断されたのが15・8%であった。これは、95年度の一般住民健診における結核患者発見率0・017%や、全国の結核罹《り》患《かん》者の割合0・034%と比べてきわめて高い。

一般的に言えば結核の罹患率は年齢が高くなるほど上昇するが、このホームレスを対象とする結核検診では若い世代でも高い。さらに中西氏は、ホームレスになってから一カ月未満の人たちで結核の発見率が非常に高く、学歴が低いほど医療を必要とする患者が多くなると指摘している。ホームレスになって一カ月未満の人たちの間で結核が多く発見されるということは、貧困が心身をむしばみ結核を発症させ、そのことによって働けなくなりホームレスになるという経路もあるのではないか、と指摘している。

私はこの分析結果を中西氏から直接伺う機会があったが、氏はホームレスだけでなく、そうなる前の、都市部のサービス産業などで働く若い人たちの結核罹患をとても心配されていたのが印象的であった。先に述べた「労働宿舎型」ホームレスや、「隠された」ホームレスなどの中に、高い比率で結核などの病気にかかっている人がいるのではないか、という懸念である。

更生施設の全般的な疾病状況はどうだろうか。もともと更生施設は、貧困に加えて病気を持った人を優先的に入所させているので、有病率（ある集団の中の病気にかかっている人の割合）は平均で8割近い。問題は病気の内容である。中西氏は病気にかかっている人のその種類ごとに、全国患者調査（1993年）と比較している。その結果、結核を含めてすべての病気において、全国患者調査よりもはるかに高い有病率を示していることが分かった。

更生施設で結核にかかっている人は4％で、全国調査と比較してみると年齢によって違いはあるが、10―700倍の開きがある。他の病気も含めると、特に次の2点が指摘されている。

一つは高血圧や虚血性心疾患、脳血管障害、糖尿病、痛風、胃・十二指腸潰瘍《かいよう》、肝炎・肝硬変など生活習慣病に該当する病気を持つ人の比率が、結核とともに高いことである。もう一つは、生活習慣病でも結核でも、年齢の若い層から有病率が高いということである。全国的に見れば生活習慣病は加齢とともに増加するが、施設利用者を見ると若年時から有病率が高い。たとえば45―54歳の施設利用者の場合、脳血管障害で全国調査の約40倍、同じく糖尿病で80倍以上となっている。

中西氏は、生活習慣病の罹患率が更生施設利用者で高い理由について、若い時からの不規則でアンバランスな食習慣、アルコール問題、ストレスなどが影響しているのではないかと指摘している。ということは、ホームレスの生活習慣病と、そうでない人の加齢による生活習慣病とは同一視できないということである。前者はこれらの人々に共通する、貧困に起因する生活環境の悪さとかかわりがある。

たとえば過酷な肉体労働と飲酒の習慣、栄養知識の欠如、「労働型宿舎」で出される脂肪や塩分の多い食事、カップ麵などインスタント食品に依存した一人暮らしの食習慣、さらには食事にありつける時とそうでない時の落差、細切れの仕事を探し、毎回異なる職場で働くストレスなどである。

90年代半ば頃に私は、山谷にある労働センターが仕事をどのように斡旋しているのか、見学に行ったことがある。まだ夜も明けきらない、早朝のことである。好況時の山谷では道端に立っているだけで仕事にありつけたという。しかしその頃は不況のただ中で、労働センターが提供する仕事は賃金が安いと悪口を言われていたにもかかわらず、仕事を求める多くの人との激しい競争に勝てなければ、その安い仕事を手に入れることさえできない状態だった。

まだ太陽が昇らない暗い中、センターにはすでに長い行列ができていたが、その日の求人数はごくわずかであったから、開いたばかりの窓口に殺到した求職者の数人に求職票が渡されると、すぐ窓口が閉じられた。見学している方には、まさに一瞬、開けたと同時に閉めたと思えたほどである。閉じようとする窓口の下からは、閉めさせまいと何本もの手が執拗に伸びていた。その日の運命が賭けられた朝の厳しい競争と精神的緊張を、彼らは毎日経験しなければならないのである。

†自殺・孤独死・火災死

犯罪は社会問題として、実態より大げさに取り扱われやすい。近年日本では、犯罪が増えていると多くの市民が感じている。だが実際には考えられているよりは増えておらず、むしろ自殺件数の増加の方が問題だとする識者は少なくない。

京都大学が平成17年度に内閣府経済社会総合研究所の委託をうけて行った調査によれば、自殺には戦後3回のピークがあるという。1回目は1953―59年、2回目は1983―86年、そして3回目が1998年以降だ。高度経済成長期やバブル期は低い。警察庁の統計を見ると、2003年の自殺者数は年間3万4437人に達し、それ以降も3万人台が続いている。

日本の自殺の特徴は、中高年男性に多い点にある。遺書でもない限り、自殺の原因を特定するのは難しいが、統計調査によれば病苦やうつ傾向といった健康問題が1位、経済・生活問題が2位となっている。特に経済・生活問題を理由とする自殺は97年から98年にかけて倍増し、2005年では原因の分かっている自殺の31・4%を占めるという。

経済・生活問題といっても、その中にはいろいろな内容があるだろうが、京都大学の先の委託研究は、いくつかの事例研究をもとにそれを次の四つに整理している。

(1) 倒産・廃業と債務返済困難
(2) 失業および再就職難
(3) 収入の減少・他人の債務保証
(4) 仕事の量・質の変化

このうち、どの項目がどれくらい貧困問題と重なるのかこの調査は明らかにしていないが、少なくとも(1)から(3)については中高年男性に多いホームレスの、とりわけ「安定型」における貧困要因と重なる部分がある。

しかしながら、この種の統計調査は原因を列挙するだけであるから、相互の関係がどうなっているのか、なかなか分からない。だが2005年の警察庁統計で自殺者の職業分布を見ると、管理職や自営業、銀行員、教師、医師などがいる一方で、労務やサービス、失業者、ホームレスなども含まれている。ホームレスであった人の自殺は58名で、ホームレスの概数が2万人強であることから見ても、かなり多い数である。失業者における自殺者は1496名で、被用者における自殺者8312名に対して約2割弱である。生活習慣病と同様、自殺においても貧困と関係のない場合と、貧困を背景とする場合があり、両者は分けて考えた方がよさそうである。

この自殺に比べると、最近注目を集めている「孤独死」は、貧困や「不利な人々」ともっと強く結びついている。孤独死に明確な定義があるわけではないが、「死後しばらく発見されなかった死」とでもいおうか。最近この問題を広く社会に訴えたのは、千葉県松戸市の常盤平団地自治会の人々である。この団地は1960年に建てられた大規模公団団地で、豊かな時代の都市勤労者のベッドタウンの一典型であった。

この団地もできてから50年近くたって、住民が高齢化しただけでなく単身者も増え、生活保護受給世帯やリストラされた世帯が増えてきたと自治会では感じていたという。孤独死問題のきっかけは、2001年秋に59歳の男性が死後3年を経て発見されたことにある。家賃が自動引き落としになっていたので、預金が底をつくまで団地の管理者にも気づかれなかった。家賃滞納になってはじめて督促に訪れた職員が、台所で白骨死体を発見したのだという。

翌年になって今度は57歳になる一人暮らしの男性が、こたつに伏したまま亡くなっていたのが発見された。きっかけは、近隣からの「臭い」という苦情であった。この男性はリストラで職を失い、妻子とは別居中で、こたつのそばにはカップ酒とカップラーメンが残されていたそうである。

この二つの事件に「ショックを受けた」団地自治会は、「孤独死」を地域の問題と受け止めて活動を始めた。その一環として自治会は実態調査を市に求め、こうしてまとめられた2004年度調査によれば、市内の孤独死は95人、そのうち男性が7割以上、しかもその3割は50—64歳までの年齢に集中していた。こうした問題は一人暮らし高齢者の死として受け止められがちだが、常磐平団地の人々はそれを、地域で孤立した中高年男性の問題として「発見」し、社会に訴えたのである。

孤立による中高年男性の孤独死を「緩慢な自殺」と呼んだのは、医師の額田勲氏である。額田氏は、阪神淡路大震災後の、診療所にも寄り付かず、仮設住宅でひっそりと、まるで死を待っているかのように暮らす人々の多くが、年収100万未満の中高年単身男性であることを明らかにした。彼らは震災前から貧困を経験し、社会的にも排除されており、大阪の日雇労働者やホームレスと似た状況にあったこと、そして震災がそうした状況を浮き彫りにしたにすぎないことを指摘している。

中高年男性の自殺や孤独死をめぐる状況は、住宅火災による死者の最近の特徴とも重なり合う。総務省消防庁によると住宅火災による死亡率は、過去10年間にわたって人口10万人当たり0・7—0・8人で推移してきた。ところが2005年にはそれが0・95人になり、データが存在する1979年以降、最悪の記録であるという。以前から火災による死亡者には高齢者が多かったが、近年になってとりわけ中高年男性、中でも55—59歳男性の死亡率の上昇が著しく、この10年で年間約40人から約80人へと倍増している。

消防庁は、こうした住宅火災で亡くなった中高年男性の特徴として、

(1) 無職の割合が多い（約6割）
(2) 一人暮らしの割合が多い（約5割）
(3) たばこからの出火が多い。特に2005年は前年に比べ倍増している

を挙げ、これらの点から、自殺傾向と住宅火災による死亡者には類似点があるのではないか、と指摘している。つまり、失業などの負担を受け止めにくくなって、「生きようとする力」が低下しているのではないかというのである（朝日新聞2006.10.20）。これも中高年男性の「緩慢な自殺」といえるかもしれない。

†多重債務問題

孤独死は、高度経済成長とともに広がった「都市の孤独」の一つとして、すでに70年代初頭から、しばしばマスメディアで取り上げられた問題であった。同時期に、都市部の郊外を中心として団地が広がる中で、団地住まいのサラリーマンを対象とする消費者金融

「団地金融」が生まれた。そこから「サラ金地獄」と呼ばれる多重債務問題が生じ、これがクローズアップされたのが70年代後半から80年代にかけてであった。

多重債務問題は、その後もクレジットカードなどの利用者が増加する中で、繰り返し大きく取り上げられ、先に言及した自殺の要因としても注目されてきた。それは、まさに豊かな時代を象徴する新しい社会問題だった。

当初この問題は若い人や主婦の、買い物依存症とでもいうべき豊かさの病理や計画性のなさとして受け止められ、自己破産などの解決策は安易だという批判も少なくなかった。たしかにそのような人々もいたであろうが、実際にはその多くは、生活費や交際費を借金に頼らざるを得ない中年期の低所得家族であった。

私は80年代にこの債務者に関するいくつかの調査を大阪で行ったことがある。それらの調査では、多重債務者の3―4割が中学卒業レベルの学歴で、持ち家率は2―3割程度であった。夜間勤務や歩合制の多い販売・サービス業、それに運輸や営業関係の仕事に就いている人が多く、事務や専門技術職は少なかった。マスメディアなどで取り上げられる債務者像とのズレに驚いたものである。

最近になっても多重債務者問題は解決されず、むしろ「ヤミ金」などとも言われる貸金業者によって、返済能力を無視した過剰貸し付けが行われ、2005年度の自己破産者は

18万人を超えるなど、問題はいっそう深刻化している。ついに2006年末になって、政府内に多重債務者対策本部が設置されるに至った

2005年に国民生活センターが実施した、弁護士事務所などへ相談に行った585人を対象とする「多重債務者の現状と対応に関する調査研究」を見ると、債務者のあり方としては80年代とそれほど大きな変化はない。男性がやや多く、年齢は30歳代から50歳代まで幅広く分布している。はじめて借り入れをしたときの年収は200万円未満が29・9%、ついで200—300万円未満が27・9%で、両者を合わせれば6割近くになる。年収が高い人は明らかに少ない。また、生活保護受給者の0・5%が、年金生活者の4・1%が多重債務者になっていた。

借金の理由は、借り入れ当初であれば、収入の減少や低収入などが多く、返済困難になってからは借金返済のためが最も多くなっている。低所得者が消費者金融を利用し、今度はその借金を返済するために借金をする。それが繰り返されていく姿がうかがえる。

多重債務の怖さは、その生活破壊力の大きさ、早さにある。この調査でも2割以上が、はじめての借り入れから1年未満で返済困難に陥っており、自殺を考えた（35%）、ストレスから病気になった（30・4%）、別居や離婚（22・6%）、親戚とのつきあいがなくなった（15・4%）などの影響が報告されている。

釧路市で熱心に債務者問題に取り組んでこられた今暁美弁護士の勧めで、多重債務者の家計について、93年から94年にかけて石黒由美子氏らとともに分析したことがある。この時は多重債務者の生活水準を、4章の「貧困の経験」分析で行ったのと同じように保護基準を1として、その倍率で測定した。その結果、55%が保護基準の1倍を下回り、77%が保護基準の1・4倍を下回っていた。調査対象となった多重債務者の生活水準には借金返済も含まれていたので、これを引いた実質的な生活水準を見ると、72%が保護基準の1・0倍を下回った。つまり、多重債務によって約7割の人が保護基準以下の生活水準になっていることが明らかとなった。

ホームレスになった要因の一つに借金があることは、すでに述べた。東京都のホームレスのための一時施設(シェルター)での調査では、53・7%の人が借金を経験し、そのうちの7割以上がまだ返し切れていなかった。

この調査で、借金を抱えている人とそうでない人を比較してみると、わずかであるが借金を抱えている人の方に高卒や大卒が多く含まれており、家族持ちで常用雇用や自営業などに就いていた人も相対的に多かった。つまり、先述のホームレスの3類型でいうと、「安定型」に区分されるような人の方がやや多い。注意が必要なのは、それよりも「不利」な、「不安定型」に区分されるような人は借金さえできない、ということである。このことは貧困「持続型」でローンが少なく、「慢性型」で多いという貧困経験の調査からも確認できる。

†児童虐待と若い家族の貧困

先に、日本では犯罪が減って自殺が増えていると述べたが、もちろん犯罪件数が減ったからといっても、それは常に大きな社会問題である。貧困や社会的排除との関連で言うなら、ホームレスを襲撃する青少年の事件が繰り返し起こっている。加害者の青少年の多くは学校からドロップアウトしており、社会から排除されているという意味でホームレスと似た境遇にあるとは、多くの識者が指摘するところである。

犯罪の中で近年注目されているのは、家族の中に生まれる暴力＝虐待である。とりわけ児童虐待は、多様な予防策が実施されているものの、子どもを死に至らしめる虐待は年間50件ほど起きており、防止の難しさが憂慮されている。

児童虐待という問題がクローズアップされるようになった当初は、問題の核心は若い母親の「育児不安」にあると考えられていた。核家族化や少子化などを背景として、子育てに不安を持つ母親が虐待に走るようになった、という構図である。たしかに母親を対象とするアンケート調査を行うと、「子どもに手を上げてしまったことがある」とか「虐待してしまうのではないかと不安である」といった回答が高学歴の母親に多く見られた。こうした点からも、児童虐待が「豊かさの病理」であると見なされるようになった経緯がうかがわれる。

だが、ここ数年、子どもを死に至らしめる結果となった重度の虐待事例の検証がなされるようになってきた。これらの検証を見ると、虐待は豊かな社会の「高学歴母親の育児不安」だけで説明しきれないということが分かってきた。

たとえば厚生労働省は、児童虐待防止法が成立した2000年から03年までの、死亡にまで至った虐待事例125例を分析し、そこから「支援が必要となりやすい要素」を440取り出し、これを養育環境、養育者の状況、子どもの状況の三つに整理している。すると、440項目のうち43・6％が養育環境に、38・9％が養育者の状況に、7・5％が子どもの状況に該当したという。

このうち養育者の状況では、養育者の育児不安が24例、第1子出産時の母親の年齢が10代であったのが19例、養育者の精神疾患が12例、性格的傾向が14例となっている。養育環境については不明な点も多いが、分かっている範囲で見ると、一人親（未婚）家庭が33例、内縁関係家庭が29例、転居が27例、地域からの孤立が25例、定職なし（失業、無職）が16例、経済不安が16例となっている。

次いで、同省の社会保障審議会児童部会に置かれた児童虐待等要保護事例の検証に関する専門委員会は、2003年7月から12月の24例を検証している（第1次報告）。養育者の状況では育児不安が8例、情緒不安定が10例、精神疾患が4例となっている。養育環境の特徴としては、「地域からの孤立」が13例、「引っ越してまもなく」が8例、「経済不安（失業無職）」が8例、生活保護家庭が4例、「ひとり親家庭・未婚」が12例、「経済不安（失業・無職）」が8例となっている。また、内縁関係にある場合、多子家庭であることが少なくないことが指摘されている。

2004年1月から12月末までで虐待で死亡したと確認できる子ども58例および死亡には至らなかったが重篤なケース1例に関する検証結果（第2次報告）でも、これと似た結果となっている。そのうち、経済状態についても調べた30例を見ると、生活保護家庭が13・3％、市町村民税非課税世帯が30・0％、さらに実母が無職が50％、実父の32例の約3割が無職とパートであった（未記入22例を除く）。

なお、重い虐待のあった家族では賃貸の集合住宅に住む割合が高く、実父が無職であったり転職を繰り返すなど就業率が低いこと（東京都「児童虐待の実態」2001）、母親が中卒が51％、父親が中卒が39％であること（日本こども総合研究所「児童相談所が対応する虐待家族の特性分析」）を示す調査結果もある。

このように重度の児童虐待の場合、養育者側の情緒不安定や精神疾患といった問題との関連が見て取れる一方で、養育環境としての「経済的な困難」や「親族・近隣・友人からの孤立」との関連も無視できない。「豊かさの病理」という観点だけでは説明がつかないのである。

つまり児童虐待の中には、一方で、貧困な環境の中でひどくなるタイプのものがあり、他方で、そうした環境とは関係なく、もっぱら養育者の精神状態や性格が理由で生じるタイプのものがあるのではないか。あるいは、健康と貧困の関係を論じたところで指摘したように、養育者の精神疾患や性格といったものと、養育者の生活環境とが何らかの関連性をもっているとするならば、ひどい虐待を行う人たちは、貧困な生活環境にあってストレスを抱え込んでしまったと捉えることも可能である。

児童福祉司として、虐待問題を抱えたさまざまな家族と長く向き合ってきた山野良一氏は、児童相談所による現場の支援が、あまりにもカウンセリングや教育プログラムに偏っており、「経済的なことを主として苦労してきた家族」の、そうした苦労に対応しきれていないのではないかと疑問を呈している。

山野氏は、「中学卒業のみで社会に出てしまった保護者たちが、かなりの数を占めていることが気になる」と述べ、この豊かな社会の中で、長時間労働にもかかわらず、「綱渡りのように」日々の生活をかろうじて送っている親たちのストレスや、狭い居住環境の中での家族関係の悪化が暴力につながるのではないかと警告している。同感である。

本章で論じてきたことからだけでも、貧困が単に貧困だけで終わらないこと、現代日本で「不利な人々」は貧困とはまた別の問題を同時に背負って生きていかざるをえないことが分かるのではないか。別の言い方をすれば多くの社会問題は、貧困問題の解決を視野に収めないとアプローチできない部分を、かなりのところ持っているのである。

それにしても貧困と社会問題との関連性が見過ごされて、「豊かさの病理」や中流家庭の事件ばかりに私たちの目が引き寄せられ、「心の闇」の解明にばかり力が注がれるのは、なぜだろうか。貧困と社会問題との関係から目を背けたがるのは、マスメディアや行政だけではない。それぞれの現場でさまざまな社会問題に取り組む人々の中にも、こうした問題の関連性を認めることに抵抗を覚える人が少なくない。

もしかしたらそれは、中流家庭に生じる問題群がいまだに「珍しい」存在だからなのではないだろうか。私たちは、そうはっきりとは意識していなくても、貧困によってさまざまな問題が生まれ、悪化していることを、どこかで分かっているのではなかろうか。分かっているのだが、それはあまりにも「当たり前」のことなので、そうでない問題が新鮮に思えるだけなのではないか。

高度経済成長期以降、貧困とはきれいさっぱり訣別したはずの日本は、「当たり前」ではない「豊かさの病理」に強く引きつけられ、いまや、そうした観点ばかりから社会問題を見るようになってしまった。しかし、そのことが逆に、さまざまな社会問題を解決する道を狭めているように思えるのである。

7章 どうしたらよいか

†福祉国家が「不利な人々」を貧困に縛りつけている

特定の人々がいつも「不利」になるということは、現代日本社会がそれらの人々の「状況」を不利にさせているということだ、と述べてきた。低学歴でシングルマザーだと申し合わせたように貧困になり、高学歴で仕事を長く続ける共働き世帯が常に安定しているのは、今日の社会が、低学歴や離死別を、貧困に転換する〝装置〟にしてしまっているからである。では、現代日本社会の何がそうさせているのだろうか。

一つには、繰り返し述べてきたように、ポスト工業社会やグローバリゼーションが進展する中で労働市場が変化し、それが、ある人々には有利に働き、別の人々には不利に働くようになってきた、ということがある。学歴問題がその良い例である。だが、それだけではない。

日本も含めた先進諸国には、市場経済が生みだす富の格差を是正する福祉国家の諸制度がある。もしこの諸制度が十分機能していれば、市場で「不利」になった人々にもやり直しの機会が与えられ、特定の人々ばかりに「不利」な「状況」が集中するようなことは減るかもしれない。

ところが、この福祉国家の制度自体が、ある人々には「有利」に働き、別の人々には「不利」に働くなら、結果として、特定の人々を貧困から抜け出せなくする役割を、こうした制度自体が果たしてしまうことになる。

つまり、福祉国家の道を歩んだ国々においては、貧困から抜け出せずにいる、あるいは社会的に排除されてしまった「不利な人々」の存在は、その福祉国家が健全な機能を果たしているかどうか、制度に歪みがないかどうかを測るリトマス試験紙としての意味を持つことになる。

これまで述べてきたことからすると、日本の福祉国家の仕組みは、高学歴かつ正規雇用者で資産も家族もある人々には「やさしい」一方で、低学歴で未婚もしくは離婚経験があって非正規雇用で転職も多く、資産も家族もない人には「やさしくない」と見ることができる。

もともと日本は、税や社会保障による所得再分配効果が小さい国だといわれている。OECDが2005年に公表した国際比較で日本は、10等分された所得階層のうち下から三つの階層が再分配後に得た所得のシェアで、先進国19カ国中、下から2番目である。つまり日本は、所得再分配によって貧困が是正されることが少ないことで定評のある国なのだ。

それだけではない。以下に述べるような日本の福祉国家の問題点が、特定の人々を「不利」な状態に釘付けにしてしまっている、そのことに注目することが重要である。

†あまりにも保険が好きな国・日本

問題点の一つは、社会保障の「保険主義」にある。日本の社会保障制度は、基本的に終身雇用の正規雇用者家族が共通に抱える一定のリスクに応えるべく設計されたものである。しかもそれは社会保険が中心であり、これを全国民に拡大させた点に特徴がある。

雇用者や国民を強制的に保険に加入させる仕組みは、労働者の雇用保険から医療保険、年金保険、介護保険まで多岐にわたる。少子化対策として児童保険の提言まであったから、本当に保険の好きな国だ。

だが、それらは保険である以上、保険料収入と支出を均衡させなくてはならず、本来的には誰をもカバーできるようなものではない。しかも保険料の支払い義務があるだけでなく、医療や介護サービスを利用するに際しては自己負担が生じる。日本はかなりの税金を保険財源に投入しているが、それでもその収支を安定させるのは難しい。

他方で保険給付には、保険料を一定期間以上支払うなど給付の条件がある。また、雇用保険や年金では、高い保険料を支払える高賃金層ほど給付額が高くなる。一般的に言えば、高賃金で長く勤めた人ほど保険給付額が高くなり、職を転々としたり保険料をきれぎれにしか支払わなかった場合には、保険給付額が少なくなる。場合によっては条件を満たせず、支払い対象にならないこともある。

しばしば社会保険は「相互助け合い」の制度だと言われるが、これが市場経済による所得格差を是正する再分配効果をもつことはほとんどないのである。しかも、低所得者にとって保険料の支払いは大きな負担となるし、その割に給付額はそれほど高くないわけだから、社会保険に入らなくなる人も出てくる。国民年金の空洞化はその一例だが、最近活発になっている非正規雇用者への社会保険適用の動きが、必ずしも非正規雇用者から歓迎されていないことの理由の一つも、そこにあろう。

ところが日本では、あまりに保険主義が徹底しているので、これに代わる所得保障がきわめて手薄である。とくに働ける年齢層で保険料を支払えなかった人々や、支給条件を満たさなかった人々への別の手段が講じられていない。

たとえば日本では雇用保険が切れた時、これと連動する「失業扶助」の仕組みがない。しかも、たいていの先進諸国にはある住宅手当（家賃補助）制度がない。家族なし・資産なしの単身者やシングルマザーの貧困、あるいは労働宿舎型のホームレスにもっとも効果的なのは、おそらく住宅手当であろう。

もちろん、税による最低生活保障の仕組みとしては生活保護制度がある。この制度は2章でも見たとおり、八つの扶助によってすべての生活ニーズに応えるようになっているので、資産なし・家族なしの人にとって、ぴったりの制度である。だがこの制度は、働ける年齢層に対してはきわめて厳しく、事実上高齢者か疾病や障害などで働けない人しか利用できない制度になってしまっている。

先に生活保護制度における捕捉率の低さを見たが、本来なら多くのワーキングプアなどがこれを短期間利用して貧困ラインの上に戻っていくという、この制度が担うべき機能が働いていない。結局、保険料を支払わなくてはならない社会保険か、「入り口」の小さな生活保護しかないので、その谷間に落ちてしまう人が少なくない。

一方で保険主義が徹底され、他方で、生活保護のような扶助が軽視される背景には、自己責任主義が、国や企業だけでなく国民の間にも広く行き渡っている、ということがあろう。資本主義社会では自助努力が高く評価される傾向があり、日本では特にそれが強い。保険料を自分で支払うという「自助努力」が高く評価される半面、生活保護のような、税金を使った所得保障への依存を卑しめる風潮が強すぎる。

基礎年金を税方式に切り替える提案があっても、それがなかなか進まないのは、このような風潮を背景としている。1998年、当時の自民党政務調査会会長代理を務めていた丹羽雄哉氏は、消費税で基礎年金を賄う案を提案していた日本経済団体連合会との政経懇談会で次のように語っている。

「日本の社会保障はすべて社会保険方式だ。したがって、財源は、保険料と公費と自己負担の3つで成り立っている。確かに、自分の支出と給付が結びつかないことがあるのは事実だが、世代間の支えあいということの中において社会保障は成り立っている。保険料を取らないで、税で全額面倒をみるというのは生活保護の世界だ」(企業人政治フォーラム速報No. 49)

社会保険の財源にかなりの税金(公費)を投入しても、保険料支出という自己負担があるかぎり、生活保護の世界とは違う、と強調したいのであろう。

†子どもや貧困家族への不十分な福祉支出

日本では、子どものための福祉支出、特に所得保障が弱いことは、一定所得を下回る世帯で児童を養育する保護者に給付される児童手当の変遷を見ればよく分かる。1972年、第三子以降の子どもにつき3千円で始まったこの制度は、その給付対象を第一子にまで広げてきたが、それと同時に支給対象の子どもの年齢を引き下げたり給付金を減らしたり、批判を浴びると年齢や給付金額を少しだけ上げるといった具合で、めまぐるしくその中味を変えてきた。

少子化がこれほど問題になっているのに、財源の拡大だけは阻止したいという魂胆があまりに見え見えなことに驚くほどである。子どもが多いことで貧困に拍車がかかる背景には、こうした児童手当の頼りなさが影響している。

少子化対策が本気でないのは、離別母子世帯に対する所得保障が以前よりも貧弱なものに〝改革〟されてしまったことからもうかがえる。シングルマザーは「不利な人々」の一つの典型であった。もともと離別母子世帯に支給される児童扶養手当は、児童手当より金額が高いとはいえ、母子世帯を貧困ラインから引き上げるには不十分な額であった。

ところが90年代半ば以降、この制度がシングルマザーの自立を妨げているとか、離婚した夫から養育費をとるべきだといった議論が巻き起こった。父親の養育費負担を社会が肩代わりすべきではない、というのは確かに一つの理屈である。だが、離婚それ自体が、貧困を一つの背景にしているとすれば、取れない養育費を社会が立て替えるという理屈も十分成り立つ。まして少子化の時代なのだ。

それにもかかわらず、児童扶養手当は近年の社会保障見直しの先陣を切って、全額が支給される場合の所得制限が強化され、一部支給については10段階に細分化され、受給期間が5年を超えると支給額を半分に減らすなどの、〝改革〟が行われた（２００2年）。

この〝改革〟によって、たとえば母と子ども1人の母子世帯であれば、４万２３７０円が全額支給されることになる世帯の収入は２０４・８万円未満から１３０万円（税制上の所得で57万円）未満に引き下げられた。一部支給は、収入が130万円以上で365万円未満（税制上の「所得」で、57万円以上で230万円未満）の場合について、所得に応じて4万2360円から1万円までが、なんと10円刻みで支払われるのだという。

さらに、2005年からは生活保護の母子加算が見直され、就労支援型の給付が導入されている。これは所得保障よりも就労自立を重視すべきだという、最近の風潮に乗っかった〝改革〟である。

すでに見たように日本のシングルマザーの就労率はきわめて高い。児童扶養手当の給付切り下げや生活保護の就労型給付によって、いま以上に就労が促されるとは思えない。むしろ、こうした制度の変更が、シングルマザーの貧困の固定化をさらに強める可能性の方がずっと高いのである。

シングルマザーなどの貧困世帯の生活基盤とのかかわりで一つだけ付け加えたいことがある。これまで児童手当や住宅手当といった、一時貧困層にも効果のありそうな所得保障が手薄なのは、日本の企業が家族手当や住宅手当を支給しているからだ、と言われてきた。企業に軸足の一つをおいた、日本の福祉国家の特徴である。

だが、いうまでもなくこのような恩恵にあずかれるのは、一定規模以上の企業に勤める正規雇用者に限られる。大企業に長く勤める正規雇用者は、社会保険においても相対的に有利な給付を受けることができるが、それと同時に企業福利からもさまざまな給付を受けることができる。

税制度におけるさまざまな控除の効果が及ぶのは、基本的には所得税を納めている人々に限られるし、配偶者がいたり持ち家があったり、さらには相続できる資産のある人にとって有利になるよう制度設計がなされてきた経緯がある。

†「学び直し」と就労支援の落とし穴

「不利な人々」が低学歴と強く結びついていることは、再三強調してきた。これらの人々の「学び直し」の機会や、仕事に就くための教育訓練機会の提供については、現在、緊急課題として政府に取り上げられている。

これは、高度な知識や技術をもった専門職とマクドナルド・プロレタリアートへの二分化や非正規雇用の増加が、必ずしも企業によってだけでなく、「多様な生き方」というオブラートに包まれた規制緩和政策によっても促進されたことへの、若干の反省であるのかもしれない。

それらの教育プログラムの多くはまだ構想や試行段階だが、一つの問題点としては、そうしたプログラムを無料で受講でき、しかも受講期間中については生活保障があるという制度設計になっていないということ、つまり所得保障と連動したプログラムがほとんどないということがある。逆に、「不利な人々」を短い間だけ試しに雇用したり、それを常用雇用に移行させた雇用主に対する助成金や奨励金が目につく。

「不利な人々」にとっては、就労自立の相談や職探しの手伝いよりも、もっと抜本的な基礎学力の「学び直し」や安定職につながる技術の習得の方が大事である。そのためには、所得保障付きの教育機会が絶対に必要である。

そのモデルの一つは、雇用保険における失業手当の支給と、公共職業訓練校でのトレーニング機会の提供とのセットである。しかしこれには、公共職業訓練校がそれほど多くないこと、所得給付とセットにできるのは雇用保険受給者だけという限定がある。

生活保護制度の利用者や児童扶養手当の受給者に対する就労支援の場合も、所得保障と支援がセットになっている点で評価できるが、その利用者を絞り込む方向で制度改革がなされている点で問題がある。

英国の生活保護制度では、シングル・ペアレントや障害を持つ人が大学や職業訓練機関などで学んでいる場合は保護の給付対象となる。ようやく日本でも、生活保護世帯の子どもたちの高校進学が認められたが、大学や専門学校はその対象ではない。もちろん大人の生活保護利用者が高校や大学へ社会人入学するというようなことは、まず認められないだろう。

こうした抜本策がないため、生活保護や児童扶養手当の受給者について近年強調されている自立支援の実績を見ても、就労者の6割はパートタイム労働であり、ただ働く場が見つかったというだけである。貧困からの脱出が目指されてはいない。

しかも、近年の就労支援は、民間企業に就職するよう促す傾向ばかりが強い。これは日本政府が、失業対策事業といった公的な就労促進策を基本的に否定していることにもかかわっている。民間企業への就労だけでなく、公的機関やNPOなどが提供する就労を選択肢の一つにしていくような方向性がないのである。民間企業に就職できるか否かは、当然のことながら、最後はその企業の決定次第である。いくら政府による政策がそれを後押しするといっても、その効果は間接的なものにとどまらざるを得ない。直接的な効果のある所得保障やサービス給付とは対照的である。

さらに就労支援や「学び直し」は、そうしたものに容易に適応できる人だけがその対象になりやすく、これに乗れない人、脱落する人を生み出してしまう。たとえば東京におけるホームレスの自立支援策を見ると、一時施設（シェルター）に入った人の半分が自立支援センターに入り、さらにその半分が就労・自立したという実績である。つまり4分の1の成功率だが、4分の3が脱落してしまっている。

†積極的な反貧困政策を

政府によってこのところ進められてきた「社会保障サービスの一体的な設計」あるいは「社会保障の一体見直し」は、これまで述べたような問題点を根本的に見直すような方向には進んでいない。むしろ、すでにいくつか触れたことからも分かるように、逆方向を向いている。〝改革〟の基本方針は一律負担増・給付減にあるが、いちはやくそれが断行されたのは、文句を言いそうにない「不利な人々」が影響を受ける制度においてである。

このような逆方向を向いた社会保障改革を断行するのは、経済さえ活性化すれば貧困も格差もどこかへいってしまうという楽観的すぎる思いこみがあるからだろう。だがもちろんそうなる保証はどこにもない。

競争力の強化がいつも叫ばれているような社会では、経済は改善しても「特定の人々」の生活は少しも改善されない可能性が高い。そこで、こうした楽観論を排して、今日の社会経済状況の変化に対応した社会保障制度や労働政策への「抜本的」転換を求める声も少なくない。

たとえば、年金や介護など高齢世代に偏った社会保障を、若年世代にも公平なそれに組み替えることや、若者を対象とする就労自立政策、さらには少子化対策などさまざまな提案がなされている。「抜本策」として、格差のない公正な社会のグランド・デザインを論じる人もいる。その中にはうなずける議論も少なくないが、やや違和感を感じるのは、前述したような貧困の固定化や社会的な排除をむしろ促しているような日本の福祉の仕組みへの反省が希薄で、ともすれば「不利な人々」はこれらの改善案からも見落とされてしまう傾向にあることだ。

こうした問題の対策を考えている人々は、私のような研究者も含めて、自分たちの出自である「中流」にその足場をおいて発想しがちである。たとえば就労自立策を立案する場合も大卒のニートやフリーターに目がいきがちで、少なくとも高校程度の学力があることを対策の前提としてしまう。

また、中卒フリーターよりも大卒フリーター、不安定型ホームレスよりも安定型ホームレスの方が、つまり貧困や社会的排除の程度が深くない方が政策効果が早く現れるから、そちらが優先されてしまう傾向がある。特に就労支援に軸足をおいた近年の政策現場では、既に指摘したように、仕事に早く復帰できる人が事実上優先され、そこに対策が集中する傾向にある。所得保障と職業訓練のセットによる対策が手薄なのは、固定的な貧困や社会的な排除の視点が欠如しているからだ。

私が提案したいのは、せめて貧困を一時的なものにとどめ、特定の「不利な人々」をつくり出さないこと、彼ら彼女らを「バス」の固定席から解放すること、そのことを目標とする積極的な反貧困政策を、上記のさまざまな改善策の中に含めることである。特に、「不利な人々」が貧困への「抵抗力」を持っていないという点に着目して、その強化を図ることが必要である。そこで、この反貧困策をここでは「不利な人々」への積極的優遇策と呼んでおきたい。

しかし、この政策は単に「不利な人々」だけを利するものではない。それは、「不利な人々」に共通する「状況」が貧困の〝装置〟となってしまうのを阻止するための積極的介入策であり、その限りで多くの人々が生きやすい条件を作ることにつながっている。転職しても、離婚しても、単身でいても、資産がなくとも、そうしたことが貧困と結びつくことをできるだけ防ぐのである。

具体的にはまず、社会保険と生活保護の谷間に落ち込んでいる、働ける年齢層に対する失業扶助を創設し、これとセットで公共職業訓練校に準ずる期間の教育・職業訓練の機会を保障することが考えられる。失業扶助は、生活保護のうち、単身世帯レベルの生活扶助と同水準であればよかろう。

さらにワーキングプアや、高齢者・障害者などの年金生活者を対象とする住宅手当制度の創設が特に重要である。それには現行の生活保護における住宅扶助を独立させ、その対象を一時的な貧困層を含む資産なし層にまで広げていけばよい。現在の生活保護における八つの扶助を少し解きほぐして、その一部を低所得層まで広げていくということである。

ホームレスへの自立支援策はそのような制度を背景にして初めて成功するだろう。シングルマザーについては特に児童扶養手当の全部支給限度上限所得を上げることと、今述べた失業扶助と教育訓練＋住宅手当という保障の組み合せをシングルマザーにも適用していくことが不可欠である。

むろん、これら特定層への積極策に加えて、児童手当を安定した手当制度にすることや、正規雇用者家族にだけ「やさしい」社会保険主義に基づく制度を根本的に改革することが必要であることは言うまでもない。

†公平論の落とし穴

こうした積極的優遇策が、多くの人にとっても生きやすい条件を創り出す可能性があるとしても、さしあたって出てくるのは、公平論による批判の大合唱であろう。優遇策でなくても、ある特定層を対象にして行われる福祉施策には必ずその批判としての公平論がつきまとう。生活保護における母子加算廃止が強行された背景には、「保護を受給せずに頑張っている」シングルマザーとの対比にもとづく公平論があったし、老齢加算が廃止された背景には、「年金だけで頑張っている」高齢者との対比にもとづく公平論があった。

むろん、これらは実は生活保護を受けている貧困層と受けていないそれとの間の公平論に過ぎない。決して、もっと豊かな層との公平論は出てこない。豊かな層から出てくるのは公平論ではなく、納税者としての苦情であろう。

このような公平論や納税者からの批判があるため、ある特定の人々を対象とする貧困政策には限界がある。論者によっては、むしろその対象を国民全体に広げた、一般的なサービスや所得保障を充実させることが「抜本的」な改革につながる、と説く人もいる。このような「抜本策」に対する私の違和感については先に述べたから繰り返さない。一つだけ言うなら、このような「抜本策」の基礎を作るためにも、まず積極的優遇策が必要なのだ。

しかし現実には、特定の人々に対する貧困政策への批判が強いことを理由として、貧困ラインそのものが引き下げられ、政策が対象とする範囲も狭められる可能性が高い。たとえば、生活保護基準が基礎年金水準や非正規雇用者の賃金より「高い」という批判がある中で、保護基準の実質的な見直しが、すでに行われている。

貧困であるかどうかは、それが「あってはならない状態」かどうかの、社会による価値判断に基づくものだから、その判断基準を変えることはできる。現在の保護基準は水準均衡方式で、そこには最低生活に関する何の理屈もないのだから、判断基準を変えなくとも、きわめて容易に貧困ラインを引き下げることができる。

保護基準が格差縮小方式に転換した高度成長期は、人々の生活が「中流」に向かっていく時期であった。この時期に行われた格差縮小方式は、風船にたとえて言えば、真ん中がますます膨らんでいく風船（これが「中流」層である）の底の部分に貧困ラインを近づけようとするものであった。

ところが今日の格差社会は、真ん中が膨らんだこの風船を、上と下とに膨らみのある砂時計のような形に変えようとしている。この砂時計の底と比較して、保護基準を妥当だとするならば、同じ水準均衡方式を用いても、保護基準という貧困ラインはどんどん下がっていく可能性がある。

実際、保護基準が妥当か否かは、低所得層との比較で検証されているから、高齢者世帯のうち少ない年金で暮らす人々や、すでに貧困な母子世帯の消費水準と比べる中で、保護基準は下げられつつある。

保護基準がさらに低められていけば、保護基準で測った貧困の規模は、本書で述べたものより、もっと小さくなるだろう。しかも課税最低限の変更によって、福祉サービスなどに適用される低所得の基準も引き下げられつつある。

だが、このように貧困ラインが引き下げられたからと言って、低い水準にある基礎年金やワーキングプアの生活が改善するようなことは決してない。むしろ、年金給付額の少ない高齢者やワーキングプアの生活水準は、引き下げられた保護基準から見れば相対的に高くなるから、こうした人々の貧困状況はますます隠蔽され、それを改善する糸口を失ってしまう。

こうして貧困ラインの引き下げは、低所得者層の年金や賃金水準に大きな影響を与える。素朴な公平論や生活保護バッシングは、貧困ラインが担う社会的な機能と、それが与える社会的な影響力を見落としている。その結果として、自分たち自身も暮らしにくくなるかもしれないということに気づいていない。

逆に、生活保護基準が持つ貧困ラインとしての機能を最大限利用して、低い年金や賃金が問題だという方向に持っていくことができれば、積極的優遇策の限界が克服されるだけでなく、社会保障や一般的な福祉サービスの「抜本策」に対する現実的な基盤を提供する道が見えてくる。このところ急速に広がってきた、保護基準よりも低い最低賃金の引き上げ論は、その一例である。

†貧困対策は貧困者のためだけではない

ホームレスのような空間的に「見える貧困」は、その数を減らすことによって「見えなくする」ことが可能である。たとえば駅や公園にオブジェに見せかけた円柱を多数設置することでそこに寝られなくするなどの工夫をすれば、ホームレスはもっと周縁の場所へと移動せざるを得ない。公園にフェンスを設置し、所定の時間が来ると園内にいられなくするのも、そうした工夫の一つである。

アメリカのある州では、ホームレスをまとめて飛行機に乗せてよその州へ連れていってしまえ、という議論があったそうだ。日本でも、ホームレスが集中している地域では、行政機関が交通費を支給して別の地域へ行くよう暗に勧めることが珍しくない。

だが、ある地域の「目に見える」ホームレスの数が減っても、一人暮らしの中高年男性が被らざるを得ない貧困や社会的な排除という問題が解決されたわけではない。それは別の場所のホームレスや隠れたホームレスとして、あるいは孤独死や路上死として、いずれブーメランのようにして、「私たちの社会」に戻ってくる。

この「私たちの社会」との関連で、積極的優遇策のもう一つの役割がクローズアップされてくる。繰り返し述べるように貧困は、人々のある状態を「あってはならない」と社会が価値判断することで「発見」される。この「発見」は、そうした状態の解消に社会が責任を持たなければならないことを迫る。こうした価値判断や責務は、他者への配慮に基礎をおく人道主義や平等主義から導かれる場合もあろうが、これとは別に社会の統合や連帯という観点から導かれる場合もある。

一般に社会保障や生活保護などの制度は、人権という側面から見られてばかりで、社会統合や連帯という側面が取り上げられることはあまりない。だから貧困対策を強化すると、貧困者だけが「得する」とか、彼らの人権ばかりに光が当たるといった文句が出る。たとえば、ホームレスのための一時施設を公園に作ろうとすれば、公園における「彼らの（生きる権利）」と「私たちの（憩う）」権利とが対比させられ、前者ばかりがその権利を行使できるのはおかしいといった文句が必ず出てくる。

しかし、福祉国家の歴史が証明しているように、国家が貧困対策に乗り出す大きな理由の一つは、社会統合機能や連帯の確保にあった。階級や階層ごとに分裂した社会を、暴力や脅しによってではなく福祉機能によって融和と安定に導いていくことは、国家それ自体の存在証明にもなることであった。

現在の生活保護における水準均衡方式の基礎となった格差縮小方式も、国家による統合政策であったといえる。所得倍増計画の下、低所得層の消費水準も上昇していたが、これに比して生活保護受給層のそれは依然低いままだった。こうして開いた格差を埋めようとしたのが、格差縮小方式であったといえる。

富裕層と貧困層への分裂が社会の安定を奪う例は、地球上で数多く見いだされる。生活保護制度の見直しについての委員会の席上で、生活保護の拡大には否定的なある市長が、途上国を視察したときの感想として、社会保障は社会の安定にとって不可欠だと思った、と発言していたのが印象深い。

少し前に「下流社会」という言葉が世間の話題をさらったが、戦前の日本の貧困層を表す言葉としては「下層社会」があった。「下流社会」にせよ「下層社会」にせよ、その意味するところは一つの社会の中にもう一つの社会が存在するという点にある。先に述べた社会的排除と闘うヨーロッパの社会的包摂（social inclusion）策は、現代の先進国を再び浸食しかかっている、このもう一つの社会の形成に歯止めをかけることによって社会を安定させることをそのねらいとしている。つまり、社会的包摂という新しい理念による貧困対策は、明らかに社会それ自体の救済を意図しているのである。

社会保障制度の「持続的安定」ということが最近政府のスローガンになっているが、持続的安定が図られねばならないのは「私たちの社会」であり、社会保障制度はその手段でしかない。積極的優遇策は、貧困者のためだけでなく、それらの人々をも含めた「私たちの社会」それ自体の安定や存続と強くかかわっている。

おわりに——貧困境界の再設定と「私たちの社会」

貧困の定義やそれを具体的に測るための基準には、いろいろなものがある。それがさまざまであるのは、他者に対する配慮や公正さについての、あるいは社会を構成するメンバーの連帯や社会統合についての「社会の判断」が一様でないことを反映している。「本当の貧困」や、貧困者同士の公平論にこだわって、低い貧困ラインを採用すれば、社会が引き受けなければならない貧困問題の範囲は小さくなる。社会のメンバーへの配慮や社会総体としての統合や連帯に敏感であれば、より多くの貧困に向き合うことになろう。その意味で貧困を「再発見」することは、結局、「私たちの社会」がどうあるべきかを考えることにつながっていく。

格差論の展開は、多くの人の「格差は嫌だ」という意見を引き出したが、他方でどの程度の平等を、どのような局面で実現していくかについては、なかなか煮詰まった議論がしにくい。だが貧困の議論は、その境界をどう設定するかということ、現に「不利な人々」が存在していることに焦点を合わせることで、どのような社会が望ましいかを、具体的に議論することを可能にする。

たとえば2章と3章で述べた貧困ラインについても、その再設定のための議論を別の角度からすることができる。現在の、やみくもな貧困ラインの引き下げを批判するあまり、今日の保護基準の考え方を聖域化し、その変更はまかりならんとするような考えは間違っている。

先に触れたように、格差社会における一般世帯との水準均衡と、かつての「中流」社会における一般世帯との水準均衡とで意味が異なってきているとすれば、これまでとは異なる考え方から、現代日本の「あってはならない状況」を判断するための境界の再設定が必要になってくる。

たとえば、はじめの方で紹介したブラッドショーのように、普通の人々と同じ生活様式が保てるだけの生活財やサービスを確保すべきだが、それは同時に最も低予算で入手しなければならないという前提で、「質素であるが、適切な基準（modest but adequate）」を用いて新しいマーケット・バスケットを再構成し、これを貧困ラインにするとか、タウンゼントのような社会的剥奪指標を用いた方法の簡易版を作ってみるといったことが試されてもよい。

また特に、これまで声の小さかった「不利な人々」自身が声を出し、自分たちの経験から貧困の境界の考え方を提案するといったことは、とても大切なことだ。

さらに、ホームレスや「隠された」ホームレスなどが被っている社会的排除の問題をも貧困ラインに取り込めるような指標を設定することも必要である。現在、日本のホームレス対策が対象としているのは、路上で起居する人々だけに限られているが、もっと別の指標を設定することで、社会的な排除を被っている人々を広く捉え直すことが可能になる。

こうした設定のし直しに際して重要なのは、貧困ラインや社会的排除の指標は、誰にとっても分かりやすいものでなければならない、ということだ。分かりやすい貧困ラインや指標は、そうした状態を改善するための活動に人々を導きやすい。現在の生活保護基準の分かりにくさ、他の最低限ラインとの不整合などは、そのような人々の意欲そのものを削いでいるのではなかろうか。

たとえば、分かりやすい貧困ラインの同一線上に基礎年金や最低賃金、生活保護や低所得、課税最低限などの「最低限」ラインが、合理的な理屈に基づいて設定し直され、先に述べたような積極的優遇策を含めた社会保障・福祉サービスの諸制度をここに当てはめることができれば、人々はこれらの制度の助けを借りながら、貧困という名のバスに閉じこめられない生活を自ら設計することが可能になる。

年金の空洞化に象徴される制度からの離脱は、保険料が支払えないという問題のほか、制度が分かりにくく、先行きが不透明であることが影響している。一部のホームレスの人々が自立支援センターに近寄らないのは、そこでの「自立」が不安定なものであることを見抜いてしまったからだ。個人の無責任を非難したり「教育」する前に、「あってはならない状態」を社会が明確にし、その解決への道筋を明確にすることが、福祉国家や社会に対する人々の信頼を回復させることにつながるのではないか。そして、個人の責務や意欲は、この信頼の中でこそ育っていくのだと思う。

こうして現代日本の貧困の「再発見」は、私たちがどのような人生の選択肢を選ぼうと、そのことが不利にならないような、そして人々の連帯が傷つけられないような、安定した社会の基礎をどう築いていくかという課題に、具体的にアプローチしていく道を用意することになる。

参考文献

エスピン＝アンデルセン（2000）『ポスト工業経済の社会的基礎』（渡辺雅男・渡辺景子邦訳）桜井書店
福原宏幸・中山徹（1999）「日雇い労働者の高齢化・野宿化問題」社会政策学会編『日雇労働者・ホームレスと現代日本』御茶の水書房
原田謙・杉澤秀博・小林江里香・Jersey Liang（2001）「高齢者の所得変動に関する要因――縦断調査による貧困のダイナミックス研究」社会学評論 VOL 52. No 3
樋口美雄・太田清・家計経済研究所編（2004）『女性たちの平成不況』日本経済新聞社（パネル調査に関わる、本書引用論文を複数収録）
岩田正美（2000）『ホームレス／現代社会／福祉国家』明石書店
岩田正美（2004）「誰がホームレスになっているのか？――ポスト工業社会への移行と職業類型等から見たホームレスの3類型」日本労働協会雑誌　No 528
岩田正美（2006）「バスに鍵はかかってしまったか？――現代日本の貧困と福祉政策の矛盾」思想3月号岩波書店
小沼正（1974）『貧困――その測定と生活保護』東京大学出版会
駒村康平（2003）「低所得世帯の推計と生活保護制度」城戸喜子教授退任記念論文集編集委員会『社会保障研究の過去と現在から未来へ』

近藤克則（2005）『健康格差社会――何が心と健康を蝕むのか』医学書院
中川清（1993）「生活単位の経済論」（中川・松村編著『生活経済論』）光生館
額田勲（1999）『孤独死』岩波書店
ラウントリー（1959）『貧乏研究』（長沼弘毅訳）ダイヤモンド社
ロスキアボ・ドス・サントス（1999）「包み込まれた〝家〟と〝生命〟――東京都内の略式住宅」（編集部訳）季刊 Shelter-less No. 2 pp 3-10　野宿者・人権資料センター
Townsend,P.（1954）The Meaning of Poverty British Journal of Sociology,
Townsend,P.（1979）Poverty in the United Kingdom: a Survey of Household Resources and Standards of Living, Penguin,
吉川徹（2006）『学歴と格差・不平等』東京大学出版会
山野良一（2006）「児童虐待は『こころ』の問題か」（上野加代子編著『児童虐待のポリティクス』）明石書店
山田雄三（1977）『社会保障政策論』東京大学出版会
家計経済研究所「消費生活に関するパネル調査」（各年度版）（パネル調査に関わる本誌引用文献を一部収録）
警視庁生活安全局「平成17年中における自殺の概要」
厚生労働省（2000）「転職者総合調査」
厚生労働省（2002）「全国母子世帯等調査」

厚生労働省（2004）「児童虐待死亡事例の検証と今後の虐待防止策について」
厚生労働省社会保障審議会児童部会（2005）「児童虐待等要保護事例の検証に関する専門委員会」（第1次報告）
厚生労働省社会保障審議会児童部会（2006）「子ども虐待による死亡事例等の検証結果等について」（第2次報告）
国民生活センター（2006）「多重債務者の現状と対応に関する調査研究」
京都大学（2006）「自殺の経済社会的要因に関する調査研究報告書」
日本こども総合研究所（2004）「児童相談所が対応する虐待家族の特性分析――被虐待児童及び家族背景に関する考察」（平成15年度厚生科研究費補助金・分担研究報告書）
日本労働政策・研修機構（2005）「若者就業支援の現状と課題――イギリスにおける支援の展開と日本の若者の実態分析から」 労働政策研究報告書No. 352005
日本労働政策・研修機構（2006）「大都市の若者の就業行動と移行過程――包括的な移行支援にむけて」
大阪市立大学都市環境問題研究会（2001）「1998―1999年度野宿生活者（ホームレス） 調査報告」
OECD（2005）Society at a Glance; Social Indicators
しんぐるまざーず・ふぉーらむ（2002）「母子家庭の仕事と暮らし」
社会構造研究会（1997）「あいりん地域日雇労働者調査」
総務省消防庁（2006）「住宅火災死者急増に関する詳細分析結果」
東京都（2001）「児童虐待の実態」

東京都立大学岩田正美研究室（1996）「多重債務者の生活水準と生活構造」
特別区人事・厚生事務組合（2003）「緊急一時保護センター・大田寮利用者実態調査」
冬期臨時宿泊事業検討会（1998）「路上生活者実態調査報告書」（中西好子氏の分析を含む）
都市生活研究会（2000）「平成11年度路上生活者実態調査」
常磐平団地（2006）『孤独死に挑む』常磐平団地地区社会福祉協議会

あとがき

本書の執筆を勧めていただいた頃に比べて、貧困や生活保護に関する議論は格段に多くなった。日本でこれまで貧困研究をやってきた人たちは数えるほどしかいないから、皆急に忙しくなったと、何やらうれしそうで、しかし戸惑った顔をしている。もっとも、格差論も、すでに終局段階などと訳知り顔に論評する人もいるから、オマケのようなワーキングプア・ブームも、すぐに消えていってしまうかもしれない。

その上、にわか仕立てのブームのせいか、「貧困は増えているのですか」とか「今後、増えると思いますか」という質問を連発されることが増えた。これに「どうすれば貧困は解決しますか?」という直球が加わると、ほとんど立ち上がれなくなる。

貧困が増えたかと聞かれても、以前はどうだったかが、日本ではほとんど分かっていない。その上、増えているのか減っているのかは、貧困の境界をどう設定するかによって変わってくる。境界の設定は、社会の価値判断と関連してくる。だから、どうしてこんなお気楽な質問をしてくるのだろうと、いつもうらめしく思っていた。

私はこの10年以上、パネル調査とか、ホームレスなどの調査に入れ込んできたので、単純な数の増減で貧困を問題視することに根本的な疑問を持ってきた。その時その時の量を把握しても、貧困において最も「問題」となる側面を明らかにすることはできない。それはホームレスでも同じことであった。

そのようなわけで本書は、「増えた、減った」という議論を超えたところで、新しいアプローチによって現代日本の貧困の実態を描き、その中で「不利な人々」の存在を確かめることを主題とした。また、なぜ「増えた、減った」ではいけないかを書き、貧困を解決するには「不利な人々」の存在を基礎にして考えなければならないことを強調した。だから本書は、素朴な疑問を前に困惑している、私の言い訳のようなものである。

貧困について発言すると、しばしば揚げ足を取ったり、悪意に満ちた批判を浴びせたりする人に出くわす。貧困が価値判断に基づく議論である以上、異なる価値観を持つ人々にとって、貧困という問題を取り上げること自体が気にくわないことなのだ。

本書で取り上げた「不利な人々」についても、該当者を馬鹿にしているといった見方をする人がいるかもしれない。よく読んでいただければ分かるとおり、この本で言う「不利」とは個人の資質を指してはいない。あくまで「状況」を指しており、この「状況」が日本社会で貧困をもたらす、あるいは固定化させる〝装置〟と化していることを述べたかったのである。

実のところ貧困は、本書で述べたような社会問題との結びつきのほかにも、もっと多くの問題をそのうちに孕んでいる。貧困は人々の人格も、家族関係も、希望も、社会との関係も、やすやすと打ち砕いていく。だからそれはノスタルジーやファンタジーで語られるような、綺麗事では済まない。

新書という性格上、綺麗事では済まないことを、もっと具体的に述べていくことにはためらいがあり、結果として貧困問題の表面をなぞったに過ぎないものになってしまったかもしれない。だが、綺麗事で済まないからこそ、「あってはならない」と判断されるのだし、その解決が必要になるのだ。

また、「貧困だ貧困だと外から騒ぐけれども、当人が年金5万円で何とか暮らしていると言っているのだから、それでよいではないか。すぐ社会の問題だと言うのはおかしい」という意見もある。本書でも述べたとおり、貧困は個人の人権だけの問題ではない。社会統合や連帯の問題なのである。

記述にあたっては、なるべく平易になるよう心がけたが、それは少々心許ない。右に述べたように本書は私の言い訳であるから、ややくどくなり、言わなければならないことや、たくさんの数字を、すこし詰め込みすぎたかもしれない。また、本格的な貧困調査のない日本では仕方のないこととはいえ、主に2種類の調査だけで、日本の貧困を描く冒険もあった。これらの調査はもちろん私一人で行ったものではなく、何人かの方々との共同作業によるものである。特にパネル調査における貧困ダイナミックス分析は、濱本知寿香さんの協力の賜物である。

ホームレスの方たちへのインタビューは、主に90年代の後半に行ったものである。今回あらためてテープを聴き直し、ノートを見直していると、その頃話を伺った人たちのことが、場所とともにあざやかに思い出された。

引用したさまざまな社会調査は、過去に私も参加して行ったものもあるし、今回初めてじっくり読んだもののもあった。「不利な人々」を検討する上で、被差別地区で行った調査や外国人問題の視点を入れることも考えたが、複雑になりすぎることから今回は断念した。別の機会の課題としたい。

「大学全入時代」を迎えた勤務校の業務に忙殺されているのをいいことに、のんびり構えていた私も、時代の変化に何やら追い立てられるような気がして、少しはアクセルを踏む気になった。

とはいえ本書をまとめるに至る過程は決して順調とは言い難く、ちくま新書編集部の石島裕之さんには、その都度ハラハラさせてしまったと思う。また途中で何度も原稿を読んでいただき、内容や用語法について助言やら励ましを何回もいただいた。この場を借りて、お詫びとお礼を申し上げたい。

2007年2月

岩田正美

ちくま新書
659

現代《げんだい》の貧困《ひんこん》
——ワーキングプア／ホームレス／生活保護《せいかつほご》

二〇〇七年五月一〇日　第一刷発行
二〇二一年五月二五日　第一八刷発行

著者　岩田正美（いわた・まさみ）
発行者　喜入冬子
発行所　株式会社筑摩書房
東京都台東区蔵前二-五-三　郵便番号一一一-八七五五
電話番号〇三-五六八七-二六〇一（代表）
装幀者　間村俊一
印刷・製本　株式会社精興社

ISBN978-4-480-06362-5　C0236

ちくま新書

606
持続可能な福祉社会
——「もうひとつの日本」の構想
広井良典

誰もが共通のスタートラインに立つにはどんな制度が必要か。個人の生活保障や分配の公正が実現され環境制約とも両立する、持続可能な福祉社会を具体的に構想する。

616
「小さな政府」を問いなおす
岩田規久男

誰もがいまや「小さな政府」を当然の前提と考える。だが、格差拡大やマンション耐震偽装などの問題も生じた。本当の改革のために何が必要かを、精緻に検証する。

641
この国の未来へ
——持続可能で「豊か」な社会
佐和隆光

格差の拡大、リスクの増大、環境問題の深刻化——。現代の「ひずみ」を超えて、持続可能で「豊か」な社会を実現するには何が必要か。その処方箋を提示する。

643
職場はなぜ壊れるのか
——産業医が見た人間関係の病理
荒井千暁

いま職場では、心の病に悩む人が増えている。重いノルマ、理不尽な評価などにより、うつになり、仕事は混乱する。原因を探り、職場を立て直すための処方を考える。

646
そもそも株式会社とは
岩田規久男

M&Aの増加により、会社論が盛んだ。しかし、そこには誤解や論理的といえないものも少なくない。本書は冷静な検証により「株式会社」の本質を捉える試みである。

612
「不利益分配」社会
——個人と政治の新しい関係
高瀬淳一

日本は今後しばらく「不利益」の分配・負担増の時代が続き、政治の役割が益々重要になる。市民が政治を見る目を磨くための、目からウロコの政治学入門。

556
「資本」論
——取引する身体／取引される身体
稲葉振一郎

資本主義は不平等や疎外をも生む。だが所有も市場も捨て去ってはならない——。社会思想の重要概念を深く考察し、「セーフティーネット論」を鍛え直す卓抜な論考。